改訂版

中学校の 公民が1冊で しっかりわかる本

オールカラー

代々木ゼミナール講師

蔭山克秀

本書は、小社より2018年に刊行された『中学校の公民が1冊でしっかりわかる本』を、
2021年度からの新学習指導要領に対応させた改訂版です。

かんき出版

はじめに
すべての公民学習の最初の1冊！

「公民って何を学ぶ科目なのかよくわからない」、
「政治や経済のことって難しそうで苦手……」そう思っている中学生・高校生。
　そんなみなさんのために、この本を執筆しました。

　公民には、ほかの社会科とは違ったおもしろさがあります。それは**世の常識を学ぶおもしろさ**です。公民では、政治や経済、文化などの「現代の世の中のしくみ」を勉強します。これらがわかるようになると、常識が身につきます。そして常識が身につくと、新聞やテレビのニュースが理解できるようになり、考え方が論理的になります。
　つまり公民は、みなさんを一歩早く大人にしてくれるのです。

　私は普段、代々木ゼミナールという予備校で、大学受験生に政治経済や倫理を教えています。中学校の公民を難しくしたものですが、本書で学習しておけば、将来これらの科目を習うとき、おそらくまったく難しく感じないでしょう。なぜなら公民の学習で大事なことは**暗記よりも理解**。本書で「なぜ？　どうして？」という理解の土台を築いておけば、その上にどれだけ難しい知識が乗ってきても、支えられるのです。
　公民とは**常識を理解するための土台をつくる科目**です。常識が身につけば、世の中の見え方が変わりますよ。だからみなさんも、単なる受験科目とは考えず、大人への階段だと思って、この科目に取り組んでください。
　また、大人にとっては「今さら聞けない社会の常識」を学び直せる科目でもあります。社会人経験があれば実感をもって理解できるので、公民は大人こそおもしろさを感じやすい科目かもしれません。

　本書は単に受験やテストに必要な知識を伝えるだけでなく、なるべく「おもしろく・わかりやすく・テンポよく」理解してもらえるように書きました。本書を読むときは、まずは「覚えよう」と身構えず、楽しむことを念頭にざっと目を通して全体像を理解し、その後で必要な用語を覚えるやり方を試してみてください。
　私は、世の中の制度や出来事を筋道立てて考えるこの公民という科目が大好きです。本書を通じて、みなさんにもぜひ同じ気持ちになってもらえたらと願っています。

『改訂版 中学校の公民が
1冊でしっかりわかる本』の7つの強み

その1 各項目に ここが大切! を掲載!

　すべての項目の最初に、その項目で一番のポイントとなる ここが大切! を掲載しています。ポイントをはじめに頭の中に入れておくことで、本文の内容をすぐに理解することができます。

その2 ひとことポイント! でニュースの見方が変わる!

　各項目の右ページ上には ひとことポイント! を掲載しています。本文の内容からピックアップしたことや関連する事柄を、学校では教えてくれない知識も含めて、詳しく解説しています。政治や経済、社会を授業とは違う視点で解説しているため、テレビや新聞のニュースの見方が変わります。

その3 地味なイメージの公民がグンとおもしろくなる!

　公民で学ぶ「政治」や「経済」という言葉にはかたくるしいイメージがあるかもしれません。しかし本書では、学ぶ内容を身近な例に置きかえて解説しているので、自分のこととしてとらえながらおもしろく読み進められます。

　また、公民は社会生活を送るうえで必要な知識を幅広く学べる科目なので、学び直しをしたい大人にもぴったりの本です。

その4 教科書がベースだからテスト対策・受験対策にピッタリ!

　本文の項目の順序は、中学校で使用されている教科書とほとんど同じになっています。定期テストや受験前の総ざらいとして本書を読めば、基礎的な知識が効率的に身につきます。また、本書の後に中学校で使っている教科書を読み込むと、さらに知識が定着し、理解が深まります。

その5 イラストや図版が多いから想像しやすい！

かたくるしいイメージにならないように、本書ではできる限り多くのイラストや図版を掲載しました。情報を視覚的につかむことで、社会のしくみをよりリアルに想像できます。

その6 用語集としても使える索引つき！

巻末では、本書で登場する重要用語とその意味について、「意味つき索引」としてまとめています。

本書を読んで用語の意味が気になったときはもちろん、テレビや新聞のニュースで知らない言葉が出てきたとき、テスト前に一問一答で確認したいときなどに活用してください。

その7 各項目にふりかえり問題 コレだけはおさえておこう！ を掲載！

各項目の最後に、本当に大切な用語を厳選した問題 コレだけはおさえておこう！ を用意しました。

本文を読み、内容を理解したうえで設問を解き、「知識を自分のものにする」ことを目指しましょう。

特典動画の視聴方法

この本の特典として、「先生オススメの公民勉強法」「この本の読みかた」の動画を、パソコンやスマートフォンから視聴することができます。日常の学習に役立ててください。

1　インターネットで下記のページにアクセス
　　パソコンから　https://kanki-pub.co.jp/pages/kkkoumin/

　　スマートフォンから
　　QRコードを読み取る

2　入力フォームに、必要な情報を入力して送信すると、動画のURLがメールで届く

3　URLをクリックかタップして視聴する

本書の使いかた

❶ 各 PART で学ぶ単元です

❸ 各項目を学ぶうえで、一番のポイントです

❷ この見開き2ページで学ぶ項目です

❻ 各項目の学びを深めるための解説です。本文の内容に関する具体的な例や、「どうしてそうなったのか?」という背景がわかります

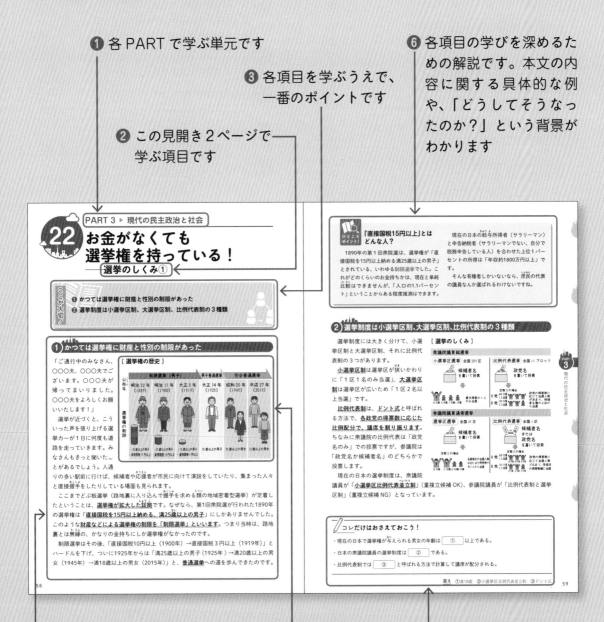

❹ 基礎をおさえた、詳しくてていねいな解説です

❺ 大切な要素を理解しやすいように、写真やイラストがたくさんあります。解説とあわせて確認しましょう

❼ 項目ごとのふりかえり問題です。下の答えを隠しながら、内容を理解できたかチェックしましょう

もくじ

新型コロナは世界を大きく
——世界は今後どうなるのか

① 新型コロナの大流行と今後の世界経済

2020年より、世界は謎のウイルス性感染症の大流行に苦しめられました。「新型コロナウイルス感染症（COVID-19）」です。

2019年11月、中国武漢市で最初の患者が確認されて以来、このウイルスは瞬く間に世界中に広まり、わずか4カ月後の翌年3月にはWHO（世界保健機関）のテドロス事務局長から「パンデミック（世界的大流行）」が宣言されました。近年の感染症流行といえば、2002年のSARS（重症急性呼吸器症候群）、2009年の新型インフルエンザ、2012年のMERS（中東呼吸器症候群）と、21世紀だけでも3回ありましたが、ここまで大規模なパンデミックは、約100年前のスペインかぜ（1918〜20年）以来です。

この大流行により、世界経済はどうなるのでしょうか？　まず考えられるのは「グローバル経済の縮小」です。今日はサプライチェーンがグローバル化（「原材料→製造→販売」の商品供給網が多国間で形成）し、どの国も自国だけではモノが作れません。なのに感染症は、人とモノの動きを著しく制限します。もともと問題の多いグローバル経済ですが、まさか「人の行き来そのものが悪」になるとは、だれも予想していませんでした。

それから、世界的な金融危機（銀行などの経営悪化）も考えられます。人とモノが動けなくなり、企業の経営が苦しくなると、倒産や不良債権（回収困難な貸付金）が増加して銀行経営が圧迫されるからです。しかもその金融危機は、グローバル経済が縮小したままでは、出口が見えません。

世界的な財政赤字（＝政府の借金）の拡大も考えられます。実際に日本も、2020年4月から1カ月にわたって緊急事態宣言（新型インフルエンザ等対策特別措置法に基づく）を発

[マスク未着用のため乗車拒否をされる人（スペインかぜ流行時のシアトル）]

[感染防止対策の啓発チラシ]

変えた

令し、国民には1人あたり10万円の特別定額給付金、中小企業には1社あたり最大200万円の持続化給付金を支給しました。しかし、その財源の多くが赤字国債（＝政府の借金証書）でまかなわれたため、その結果、2020年の新規国債発行額は、なんと90兆円を超えてしまっています。

　そのほかにも、世界的なマイナス成長や景気後退、所得の減少、完全失業率の上昇などが予測され、世界経済は非常に厳しい局面に立たされそうです。

②　今後求められる「ニューノーマル」とは？

　2020年7月、日本政府は経済財政運営と改革の基本方針である「**骨太の方針2020**」で、感染拡大防止と経済の両立をめざすことを発表しました。今後はさまざまな方面から**三密（密集・密接・密閉）を避け、ソーシャルディスタンスを確保するため、テレワーク（在宅勤務）の普及、行政のデジタル化、地方創生（東京一極集中の是正）などを促進**していくことになりそうです。そうして生まれる新しい日常が「**ニューノーマル（New Normal）**」ということになりそうです。

📖 ミニコラム

バイアスのこわさ

　「バイアス（bias）」という英単語をご存じですか？　バイアスは主に行動経済学で使われる用語で、「思考の偏り・思い込み」などを意味します。

　新型コロナウイルス感染症問題において日本や欧米で見られたバイアスは「正常性バイアス」と「自信過剰バイアス」です。前者は「自分の認めたくない情報を受け入れず、現実を過小評価」してしまう心理、後者は「根拠なく"自分だけは大丈夫"と思い込む」心理です。これらの心理のせいで日本や欧米は初動が遅れ、被害を拡大させてしまいました。

　両者の共通点は「想像力の欠如」です。コロナ発生初期の頃、日本は集団感染が発生したクルーズ船「ダイヤモンド・プリンセス」の対応に苦しみましたが、そのとき欧米メディアは、こぞって日本の対応のまずさを批判しました。しかしそのすぐ後、欧米は日本以上の感染爆発に苦しみました。感染症では、他国の被害報道は「対岸の火事」ではなく「明日はわが身」だったのです。

歴代最長政権〜こんなに長い
──安倍総理ってそんなにすごかったの？

① 安倍政権の功績

[安倍晋三]

　2020年９月、**安倍晋三**首相が退陣しました。2006 〜 7年と、2012 〜 20年まで計４次組閣された安倍内閣ですが、**首相在任期間「通算3188日／連続2822日」は、戦前・戦後を通じて、いずれも歴代最長**です（戦後ベスト５…２位：佐藤栄作／３位：吉田茂／４位：小泉純一郎／５位：中曽根康弘）。著者の場合、記憶にある最も古い首相は三木武夫でしたが、みなさんの場合は「首相＝物心ついた頃からずっと安倍晋三」というイメージの方が多いのではないでしょうか。

　さてこの安倍首相、長いだけあって、さすがにいろんなことをやっています。

　まずは、何といっても「**アベノミクス**」です。これは「安倍首相の経済政策」を意味する造語で、1980年代アメリカ・レーガン政権の「レーガノミクス」から名前を拝借しています。第２次安倍内閣発足当初の2013年、日本経済は**デフレ**状態、国民心理も企業心理もデフレマインド（P100 〜 101参照）にさいなまれていました。アベノミクスはその凍てついた**デフレマインド**を溶かすために、「**大胆な金融政策**」で世の中のお金を増やし続けることを軸とした経済政策です。その政策効果は数字となって現れ、**完全失業率や日経平均株価は大幅に改善**されました。またアベノミクスでは「**新たな成長戦略**」の一つとして**観光立国・日本**をめざし始め、2011年には622万人だった**インバウンド**（訪日外国人旅行者）数も、2019年には3000万人を超えるところまできていました。このいわゆる「**アベノミクス景気**」は、戦後最長のいざなみ景気（2002 〜 8年の73カ月）にわずかにおよびませんでしたが、2012 〜 18年まで、実に**71カ月間（戦後２位）**も続いたのです。

　また安倍政権時代には、安全保障のあり方も大幅に変化しました。安倍内閣は2013年に外交・国防の司令塔として「**国家安全保障会議**」を設立し、**積極的平和主義**をめざし始めたのです。これは日本とアジア太平洋の平和と安全のため、従来よりも積極的に行動しようという考えで、この考え方に基づき、2014年には**従来まで憲法９条違反扱いだった「集団的自衛権（親しい国への助っ人）」**に基づく武力行使を、

[日経平均株価の推移]

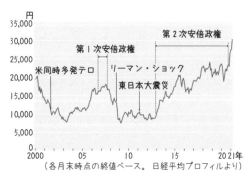

（各月末時点の終値ベース。日経平均プロフィルより）

条件付きで OK とするように、政府解釈を変更しました。この変更には賛否両論ありましたが、間違いなく日本の安全保障政策が大きく変わった瞬間ではありました。

　そのほか安倍首相は「憲法改正」にも意欲を示し、第 1 次安倍内閣時代には憲法改正に必要な国民投票のあり方を具体化する「国民投票法」を制定しています。さらには在任中、2014年に 5 パーセントから 8 パーセントに、2019年には 8 パーセントから10パーセントにと、二度も消費税を引き上げています。在任中に二度も消費税を引き上げたのは、安倍首相だけです。

② 安倍政権が抱えた問題点

　しかし安倍政権には、「長期政権の弊害（へいがい）」と言える問題も起こっています。腐敗・疑惑の類です。「森友学園問題・加計学園問題（もりともがくえん・かけがくえん）」では、安倍首相の知人に格安で国有地が売却（ばいきゃく）されたり、50年以上も認められていなかった許認可が下りたりしたという報道がされました。また、本来は各界で功績があった人たちを慰労（いろう）するための会である首相主催の「桜を見る会」に、安倍首相の後援会関係者らが多数招かれていたという報道もあり、野党や世間の批判を浴びる結果となったのです。

　いろいろあった安倍内閣ですが、内閣支持率は50 ～ 60パーセント前後と、長期政権としては異例の高支持率を維持していました。しかし2020年、新型コロナウイルス感染症問題への対応のなかで支持率は30パーセント台に落ち込み、最終的には 9 月、健康上の理由で退陣しました。

ミニコラム

内閣支持率

　安倍首相や小泉首相がだいたい高支持率だったのに対し、低支持率だった首相もいます。

　竹下首相はリクルート事件という汚職（おしょく）に関与した疑惑（ぎわく）が持たれたとき、支持率が 7 パーセントまで下がりました。彼は1989年に最初の消費税（ 3 パーセント）を導入した人だったので、「消費税の 3 パーセントといい勝負」などと言われました。

　でも、低支持率といえば森首相です。森首相は在任中に失言の嵐（あらし）で、不祥事（ふしょうじ）が報じられたわけでもないのに、内閣支持率は 9 パーセントまで下がりました。

働き方改革に生産性革命〜
──日本の労働環境は大きく変わるのか!?

① 人づくり革命と働き方改革

　長期にわたる安倍政権ではさまざまな政策が実行されてきましたが、ここではわざわざ２ページを割いてまでお話ししたいテーマがあります。「**骨太の方針2018**」です。

　「骨太の方針」とは、自民党が小泉（こいずみ）政権の時代から毎年発表している経済財政運営の基本方針です。その2018年版で、**今後の日本の労働環境に関する大きな方向性**が３つ示されたのです。それが「**人づくり革命／働き方改革／生産性革命**」です。

[**階級別役職者に占める女性の割合の推移**]

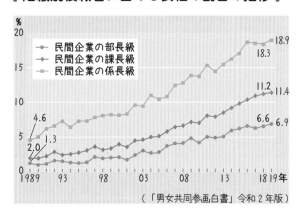

（「男女共同参画白書」令和２年版）

　まず「人づくり革命」では、少子高齢化（こうれい）の進む日本で、今後活用すべき新たな労働力として「**女性・高齢者・外国人**」を挙げています。とくに女性は即戦力（体力の衰（おとろ）えなし・日本語習得の必要なし）なので、安倍政権では発足当初から「**女性活躍（かつやく）社会**」の構築をうったえてきました。2015年には「**女性活躍推進法**」も制定し、小泉政権時代より示された政府目標「**2020年までに指導的地位に占（し）める女性の比率を30パーセントにする（＝2030〈にいまるさんまる〉）**」をめざしました（残念ながら達成はならず。目標年度は先送りに）。

　また外国人労働者の受け入れも、拡大することになりました。従来までの入管法（出入国管理及（およ）び難民認定法）では、途上（とじょう）国の人づくりに協力する「技能実習生」を除き、**原則単純労働者の受け入れは認めていませんでした**。しかし2018年の法改正により、人手不足の業種（介護（かいご）・宿泊（しゅくはく）・建設・農業など）に限り「**特定技能**」という外国人労働者の新たな在留資格を設け、単純労働者も受け入れることになったのです。

　次に「働き方改革」ですが、ここでは日本人の働き方全体にひそむ問題点を洗い出し、改善の方向性を示しています。その結果、生産年齢人口の減少や育児・子育てとの両立、正規・非正規雇用（こよう）の格差是正（ぜせい）などを念頭に置いた「**働き方の多様性（ダイバーシティ）**」を認める方向性や、長時間労働の防止を念頭に置いた「**ワークライフバランス（仕事と家庭生活の調和）の改善**」、また高度な職業能力を持つ人材を労働時間でしばらず成果で評

「骨太の方針2018」とは？

価する「**高度プロフェッショナル制度の導入**」などが示されました。

② 生産性革命

政府によると、現在は「**第四次産業革命**」が進展中です。第一次が19世紀の「機械化」、第二次が20世紀初頭の「大量生産化」、第三次が1980年代以降のパソコンやインターネットなどの「デジタル化」だとするならば、第四次とは何でしょうか。

それは「次世代デジタル革命」といえるような、さまざまな技術革新です。

例えば「**IoT（モノのインターネット）**」。これはス

[キャッシュレス決済で
支払いをする様子]

マートフォン（スマホ）の操作で帰宅前に家のエアコンをオンにしておくなど、従来ネットワーク接続されていなかったものをつなげていく技術です。あるいは「**ビッグデータ**」。これはカーナビや GPS の位置情報など、リアルタイムで変化するような巨大（きょだい）で複雑な非定形データです。さらには「**AI（人工知能）**」。これは人間の知的なふるまいを、学習能力や順応性でどんどん洗練させながら人工的に再現できるコンピューターシステムです。

これらの技術を今のうちから高めていけば、今後の少子高齢化や人口の減少にも対応できるはずですし、さらにそこに「**フィンテック**」（ICT〈情報通信技術〉と金融（きんゆう）サービスの結合）なども結びつけば、そこはもう夢の未来といえるかもしれません。ちなみにフィンテックとは、例えばスマホでのキャッシュレス決済やネット上でのみ流通する**仮想通貨**、ネットを通じて起業のための資金などを募（つの）る**クラウドファンディング**などのことです。

📖 ミニコラム

森内閣の「IT革命」

なにかと目が離せない森首相の話を、もう一つ。「IT（情報技術）革命」は、2000年に発足した森内閣の目玉政策でした。でもその

リーダーである森首相は、国会答弁で IT のことを堂々と「イット」と読み間違えていました。すごいですね。

世界は刻一刻と変化してい
——英のEU離脱、米大統領、中国の動向、日韓

① まずは英米に注目

【イギリス】2020年、**イギリスはEUからの完全離脱**を決めました。両者は1年間の移行期間（準備期間）を設け、その間に今後のつき合い方を交渉し、ついに2021年1月から完全に離脱しました。

EU（欧州連合）についてはPART5の53（P120）で詳しく説明していますが、**アメリカや中国に対抗できる巨大経済エリア**を作れるというメリットがある反面、他の加盟国からの移民や労働力の受け入れで雇用や社会保障が圧迫される、ギリシャ危機のような他国のミスを共同でカバーするなど、**デメリットも多くあります。** イギリスはもともと、**単一通貨ユーロを導入せず、加盟国間をパスポートなしで移動できるシェンゲン協定に参加していない**など、EUの「濃すぎるつながり」を敬遠しているふしがありました。

そのEUから抜けたことで、イギリスは、今後はEU諸国と歩調を合わせなくてすむ反面、貿易などでEU諸国と関係するたびに、コストや手間がかかるようになります。EUの一員としての旨味を捨てるかわりに自由を選んだイギリスが、果たしてうまくいくのかどうか、今後に注目です。

【アメリカ】2020年、アメリカでは4年に1度の大統領選挙が行われ、**民主党のバイデン候補が現職のトランプ大統領（共和党）を破り、2021年より第46代大統領に就任**しました。トランプ政権時代、アメリカは「アメリカ第一主義」をうったえ、貿易・環境・国際協力・民族・安保などのさまざまな面で、**協調よりも「分断」を選択**しました。その結果、アメリカはTPP（環太平洋経済連携協定）やパリ協定、WHO（世界保健機関）から離脱したのに加え、不法移民対策ではメキシコとの国境に壁の建設を始め、テロ対策ではイスラム教徒の入国制限などを実施しました。そのうえ安全保障面では、同盟国への駐留米軍費用負担の増額要求まで行ったのです。その結果、トランプ時代には、アメリカと世界の国々との間に、深い溝ができてしまいました。

[ジョー・]
[バイデン]

アメリカの分断を憂慮したバイデン新大統領は、**就任式で「結束」をうったえ**、その日のうちにパリ協定への復帰やWHO脱退の取り消し、メキシコ国境の壁の建設中止などを指示しました。今後は不透明ながらも、アメリカは分断からの脱却をめざし始めたのです。

② 次いで中韓からも目が離せない

【中国】社会主義国である中国の経済は、資本主義的要素を導入した
「**改革開放政策**」（1978年〜）、「**社会主義市場経済**」（1993年〜）以
降急速に発展し、2010年にはついに日本の GDP 総額を抜き、**アメリ
カに次ぐ世界2位の経済大国**に躍進しました。

[習近平]

　その中国の覇権主義的な動きが、近年非常に強まっています。とく
に習近平が国家主席になった2013年以降、中国は日本との尖閣諸島
領有権問題だけでなく、南シナ海での資源開発や人工島造成などで、
ベトナムやフィリピンとも摩擦を引き起こしています。さらに「**一帯
一路**」（陸路と海路で「中国〜欧州」を結ぶ現代版シルクロード）構想を示し、経済的影
響力の拡大をもめざしています。

　アメリカは、トランプ政権時代に中国との貿易紛争で激しく衝突しましたが、バイデン
大統領も中国を強く警戒していると言われています。大国同士の衝突は、まだまだ続きそ
うです。

　【韓国】日韓関係は、2012年に当時の李 明 博大統領が、領有権問題で係争中の**竹島**上陸
を果たして以降急激に悪化し、2021年現在は戦後最悪とまで言われています。

　両国は1965年の日韓基本条約と同時に**日韓請求権協定**を締結しました。そこに記載さ
れた文言通りなら、両国の「政府・国民・法人」まで含めた「すべての」請 求 権問題は、
日本から5億ドルの経済協力金が供与された際「**完全かつ最終的に解決**」されました。

　しかし2018年、韓国大法院は日本企業に対し、戦時中の「**徴用工**（強制労働させられ
たとされる人々）」への賠償を命じる判決を下しました。さらに2021年には、ソウル地裁
が日本政府に対し、「**従軍慰安婦**（強制連行されて性奉仕させられたとされる人々）」への
賠償を命じる判決を下しました。ちなみに請求権協定以外にも、2015年の「**日韓合意**」
もあり、そちらでは安倍首相の「心からの反省とおわび」とともに10億円が拠出され、
それにより慰安婦問題は「**最終的かつ不可逆的に解決**」されたと明記されています。

　日本政府は両判決に対し「**国際法に明確に違反**」していると、強く抗議しています。

01 「格差社会」を拡散させる グローバル化の猛威
──グローバル化でつながる社会

❶ グローバル化とは、「欧米化」ではなく「世界規模化」のこと
❷ 経済のグローバル化は格差社会を生む

①グローバル化とは、「欧米化」ではなく「世界規模化」のこと

「うちのいいところはね、グローバルでビジョナリーシンキングに優れているところさ」「俺にこんなつまらないタスクをアサインするなよ。やっぱうちじゃ俺のやりたい仕事はできない。もっとグローバルな会社でバリバリ働きたいな」──この人たちは、いったい何を言いたいのでしょうか？　カタカナ語が多すぎて、言いたいことが全然伝わってきません。

　こういう人たちのことを俗に"意識高い系"といいます。カタカナ・コンプレックスが強く、己の力量と意識の高さが比例せず、自分の見せ方・見られ方ばかりを気にし、常に前のめりで空回りの提案ばかりしているような人たちです。目先の仕事もこなせないのに、なぜか世界を見据える目。もちろん地に足は着いていません。そんな彼らのいう**グローバル化**は、100パーセント「欧米化」です。

[日本で暮らす外国人数]

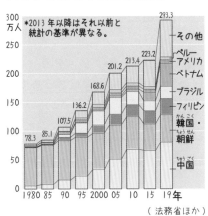

（法務省 ほか）

「いい？ ひろくん、あなたはインターナショナルスクールに行くのよ。グローバルな子になりなさい」──これもアウトです。自分に1ミリもないものを、息子に求めてはダメなのです。こういう人たちからも、欧米コンプレックスを強く感じます。

　このように、日本人の多くはグローバル化を「欧米化」と勘違いしていますが、真のグローバル化とは、そういうものではありません。

　グローバル化とは**世界の一体化**です。「**人・モノ・金・情報が国境を越え自由に移動**」できるようになることです。なお「**国境を越えて**」の部分だけを指してボーダレス化（＝**無国境化**）ともいいます。

　つまり、私たちが日常リアルに目にするグローバル化は、中国や韓国に行っても日本の

反グローバリズムの動き

1999年、アメリカのシアトルで開かれたWTO（世界貿易機関）閣僚会議には、全米および世界中から、反グローバリズムを掲げる団体が結集しました。反グローバリズムとは文字通り「グローバル化に反対する考え」

のことで、「経済のグローバル化のせいで格差社会や環境破壊が助長された！」と考える労働組合や環境系のNGO（非政府組織）が大挙してシアトルに押し寄せ、WTOと激しく衝突したのです。そのせいでシアトルでは、夜間外出禁止令が出され、逮捕者を出すまでに至ったのでした。

チェーン店で買い物ができることであり、群馬県太田市や静岡県浜松市に**日系ブラジル人**が大勢いることであり、大阪の黒門市場のおばちゃんが**急増する外国人観光客**に対し「ディスワンとディスワンはワンハンドレッドエンやで」と言えるようになることなのです。外資系の**多国籍企業**でバリバリ働くことだけがグローバル化ではないのです。

[日本人海外旅行者数と訪日外国人旅行者数]

※2020年は新型コロナウイルス感染症への影響により、大幅な落ち込みが予想される。

②) 経済のグローバル化は格差社会を生む

グローバル化は、経済の分野では、企業間の**国際競争**や生産の**国際分業**となって現れますが、ここに困った問題も発生しています。それは「**先進国が"自由競争をグローバル化"**したせいで、**途上国との間に経済格差が拡大**している」という問題です。

資本主義の大原則である自由は競争を生み、競争は勝ち組と負け組という**格差社会**を生みます。また経済規模が大きくなると、**環境破壊**も進みます。

つまり、グローバル化が進めば進むほど、問題解決方法にもグローバル化（国境を越えた**国際協力**）が求められるようになるのです。

コレだけはおさえておこう！

・世界の一体化が進んでいることを［　①　］という。

・国境のない状態のことを［　②　］という。

・経済のグローバル化は世界に［　③　］と［　③　］を拡大させている。

02 情報化のキーワードは「つながる」
──情報化が変える社会

ここが大切！
1 一方通行ではなく、双方向でつながる時代になった
2 情報を正しく利用する力が必要

1 一方通行ではなく、双方向でつながる時代になった

「ついにわが家にもファクシミリがきたぞ！」──こんなものを**情報化**と呼んで喜んでいたのは、昔の話。**ICT（情報通信技術）**のめざましい進歩により、今や情報化の主力ツールはパソコンとスマホ（現在はかなりスマホ優勢）であり、それを支えているのが**インターネット環境**です。

「インターネットは、もともとアメリカが軍事技術として開発した」とよく言われますが、これは「民間で基礎研究がなされていたインターネット実現のため、米国防総省の予算が使われた」というのが正しいようです。いずれにせよその進化はすさまじく、

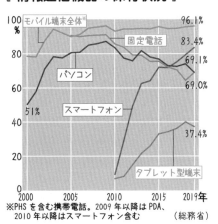

[情報通信機器の保有状況]

モバイル端末全体※　96.1%
固定電話　83.4%
パソコン　69.1%
69.0%
51%
スマートフォン
37.4%
タブレット型端末

2000　2005　2010　2015　2019年
※PHSを含む携帯電話。2009年以降はPDA、2010年以降はスマートフォン含む　　（総務省）

今は大容量の情報を、光回線などの**ブロードバンド（高速通信網）**で瞬時に送信するのがあたり前になりました。21世紀の初頭に「大容量！ 320MBのHDD内蔵」と書かれたWindows MEを買い、電話回線でピーヒョロロロとダイヤルアップ接続して（みなさんが生まれる前のパソコンには"鳴き声"があったのです）、Yahoo! のトップ画面が開き切るのを今か今かと2〜3分待っていたのが嘘のようです。

さらに近年はそこに、ネットワークにワイヤレスで接続できるWi-Fi環境まで整備され、まさに世は**ユビキタス社会（いつでもどこでもネットワークに接続できる社会）の到来間近**といったところです。

何にせよこの**「ネットワークでつながる」というのは画期的**です。昔ながらの情報ツールは、新聞・テレビ・ラジオ・雑誌、どれをとっても「一方通行」です。つまり私たちは、与えられた情報をただ受け取ることしかできませんでした。ところが、今日の情報ツールの花形であるTwitter（ツイッター）やFacebook（フェイスブック）などの**SNS（ソーシャ**

ひとことポイント！

デジタルデバイド（情報格差）

デジタルデバイドとは情報機器への精通度からくる経済格差などのことで、まだパソコンやスマホが完全普及しきっていない過渡期においては、避けて通ることのできない問題です。

メールを覚えたと思ったら LINE、ケータイを覚えたと思ったらスマホ……。著者も、もう若者ではないので、このデジタルデバイドに日々脅えています。

ルネットワーキングサービス）の特徴は「双方向性」。つまり言われっぱなしではなくて、こちらからもリプライ（返信のこと）できるものになっているのです。

大量の情報をもとにまるで人間のようにコンピューターが推論、学習する<u>人工知能（AI）</u>も急速に進化しています。AI は社会のさまざまな場面で活躍していて、例えば「ヘイ○○！ 電気をつけて」なんて声で操作する家電も AI によるものです。また、過去の大量の気象データ（＝ビッグデータ）をもとに台風や洪水の防災情報を発信する、といった活用もされています。

② 情報を正しく利用する力が必要

生活の中で情報の役割が大きくなり、便利になっていく一方で、匿名性を利用したネット掲示板でのいじめや誹謗中傷、流出した個人情報の不正利用、ネット上でのカード決済システムの悪用など、さまざまな問題も生まれます。

情報化社会で正しく生活するためには、適切な法規制だけでなく、私たちが「情報モラル」（＝情報を正しく利用する態度）と「情報リテラシー」（＝情報を正しく活用する能力）を身につけることも求められるのです。

[**サイバー犯罪に関する相談件数の推移**]

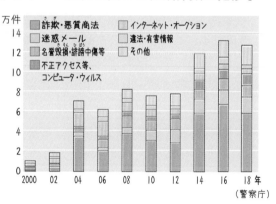

（警察庁）

✐ コレだけはおさえておこう！

・SNS の大きな特徴は、情報の ［ ① ］ にあると言われている。

・情報を正しく利用する態度を ［ ② ］ という。

・情報を正しく活用する能力を ［ ③ ］ という。

答え ①双方向性 ②情報モラル ③情報リテラシー

03 世界一のスピード！ 日本は「少子高齢化超特急」だ
——少子高齢化で変わる人口構成と家族

ここが大切！

❶ 日本は少子化と高齢化が同時に進んでいる

❷ 少子化に歯止めをかけることが大切

1 日本は少子化と高齢化が同時に進んでいる

　人口に占める65歳以上の比率を「高齢化率」といい、これが7パーセント以上の社会を**高齢化社会**といいます。

　さて問題です。日本はこの7パーセント、果たして超えているでしょうか？

　……愚問でしたね。超えているに決まっています。今の日本、どこもかしこも高齢者だらけです。わが国は1970年から高齢化社会に突入し、1994年には高齢化率14パーセント超の「高齢社会」、さらには2007年には21パーセント超の「超高齢社会」に突入しました。

　ちなみに**2020年の高齢化率は28.7パーセント**、日本人の「**4人に1人**」以上が高齢者です。人数は3617万人、東京都の人口の2.6倍、大阪府で換算すると、なんと人口の約4倍にあたります。想像できますか？　日本に大阪が4つあって、中にはおじいさん、おばあさんしかいないのです！　ちなみに高齢化率25パーセント超の国は日本だけです。

　しかし日本の場合、率の高さもさることながら、もっと驚かされるのが、そのスピードです。**7パーセントから14パーセントに至るまで、わずか24年**しかかかっていません。これはフランスが115年、スウェーデンが85年かかっているのと比べると、驚異的な速さです。日本に近い先進国を探してみても、イギリス46年、ドイツ40年と、日本の倍近くはかかっています。これは一体どういうことでしょうか？

　答えは、日本では**子どもの出生率が低下し、高齢者の割合が増える少子高齢化が進行**しているからです。

　女性が一生のうちに生む子どもの数の平均を「合計特殊出生率」といいます。この数字が2.07を下回り続けると、やがて人口は減ると考えられます。日本のこの数字は、近

[**各国の高齢化の推移**]

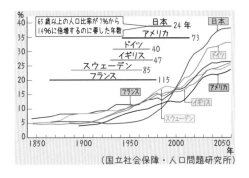

（国立社会保障・人口問題研究所）

ひとことポイント！ 平均寿命延長と「健康寿命」

　2019年時点で、日本の平均寿命は「男81.41歳／女87.45歳」で、男は世界３位、女は世界２位です。しかし「健康寿命」は「男72

歳／女74歳」。がくっと下がります。

　健康寿命とは、日常生活に制限のかかる「不健康な期間」になるまでの寿命です。なんか、ただ長生きすればいいってものでもないのかなと、考えてしまいますね。

年の不況や家族形態の変化（親と子ども、または夫婦のみの世帯が増える核家族化の進行）、晩婚化の進行や未婚率の上昇などでどんどん下がり、2019年現在はついに1.36まで下がってしまいました。そのため日本では**2008年以降、人口減少**がはじまりました。少子化と高齢化が進んだ社会のことを**少子高齢社会**といいます。

[日本の人口推移予想]

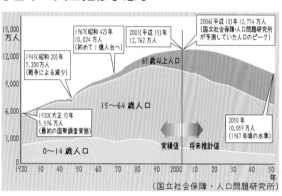

（国立社会保障・人口問題研究所）

② 少子化に歯止めをかけることが大切

　人口が減るのは仕方がないとしても、そこに占める高齢者の比率の高さは無視できません。このままでは、**高齢者の社会保障を支える現役世代の税金や保険料の負担率がどんどん上がってしまいます。**どうすればいいでしょうか。

　少子高齢化対策では、建物や交通の**バリアフリー**、高齢者向けサービスの種類の拡充、**介護保険**制度の導入といった高齢者支援も大切ですが、**最も大切なのは、少子化に歯止めをかけること**です。

　そこで政府は2003年に**少子化社会対策基本法**を制定して基本方針を示すとともに、**育児・介護休業法**による育児休業の保障、**待機児童対策としての「認定こども園」**（幼稚園〈教育施設〉と保育園〈福祉施設〉の機能を両方持つ）の拡充などに力を入れています。どのみち若者が高齢者を支えざるを得ないのなら、子どもの数は多いほうがいいですもんね。

✎ コレだけはおさえておこう！

・子どもの数が減少し、高齢者の総人口に占める割合が増えている社会を [①] という。

・親と子ども、または夫婦のみの世帯を [②] という。

・女性が一生のうちに生む子どもの数の平均を [③] という。

04 環境問題だけじゃない！安全で幸せな社会づくり
──持続可能な社会に向けて

ここが大切！

❶ 将来の世代と現代の世代の両方が幸せ＝持続可能な社会
❷ 問題解決には、一人ひとりの積極的な社会参画が必要

1 将来の世代と現代の世代の両方が幸せ＝持続可能な社会

工業化にグローバル化、少子高齢化に情報化と、私たちをとりまく社会環境は、日々急速に、しかも大きく変化しています。

そうなると、「持続可能性」という視点を持った**持続可能な社会**の実現が必要です。

持続可能な社会とは、**将来の世代の幸福と現在の世代の幸福が両立**できる社会のことです。それを実現するためには、私たちの**目先の幸せだけでなく、子どもの代、孫の代の幸せまで考えて行動しなければなりません。**

これはどういうことでしょうか？

例えばあなたの一家は本好きで、今知り合いから5万円分の図書カードをもらいました。お母さんとあな

[持続可能な社会づくりのために
  解決すべき主な課題]

環境・エネルギー
公害、地球環境問題、エネルギー問題など

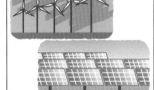

人権・平和
差別・人権侵害、戦争・紛争、貧困・飢餓など

伝統文化・宗教
伝統文化の継承と保存、異文化理解、宗教の対立など

防災・安全
災害に強いまちづくり、震災からの復興、交通安全など

たは、どの本を買おうか考えてウキウキしています。でもお父さんは「うちの家族はみんな野球好きだから、俺が子どものころに影響を受けた野球漫画を買ってやろう」と考え、勝手に図書カードを全額使い切り、お父さんオススメの古臭い野球漫画を買ってきてしまいました。これは正解でしょうか？

もちろん不正解です。このお父さんのやったことは、「家族のため」というきれいな言

「人づくり」は大切

持続可能な社会を目指すなら、「人づくり」は大切です。つまり、自分もそこに参加したいという「意欲」、社会づくりを成し遂げるための「能力」、社会が人と人とのつながり

でできていることに気づく「観察力」などを養うことです。

そしてこれは、他人事ではありません。政府だけでなく、企業や市民も当事者意識を持たない限り、持続可能な社会づくりは実現しないのです。

葉で自分の好きな漫画本を買い集め、あなたという将来世代の選択権を侵害しただけです。このように、持続可能な社会で**絶対にやってはいけないのは、将来世代のためであるかのようなフリをして、限りある資源を全部自分の欲求充足に使うこと**です。

「将来世代の分まで今から開発してあげることの、何が悪いんだ？」という声も聞こえてきそうですが、将来世代に必要なものは、将来になってみないとわかりません。本気で持続可能な社会を考えたいのなら、**自分の欲求もそこそこ満たしつつ、将来世代のために開発権を残してあげなければなりません**。

この持続可能な社会の考え方は、今日では環境問題や資源・エネルギー問題だけではなく、**人権・紛争・貧困の問題、伝統文化を守ることや異文化を理解すること、災害の予防や復興、交通安全や防犯の問題**にまで広がっています。

② 問題解決には、一人ひとりの積極的な社会参画が必要

2011年に発生した**東日本大震災**は、耐震構造やエネルギー政策など、持続可能な社会づくりを複合的に考えるきっかけになりました。また震災は、**ボランティア**が大きな助けになることも、私たちに教えてくれました。その意味で、持続可能な社会づくりには、一人ひとりが問題意識を持ち、積極的に**社会参画**し、問題解決に向けてやるべきことは何かを話し合うことなどが大切であるといえそうです。

コレだけはおさえておこう！

・将来の世代と現在の世代の幸福を両立させる社会を [①] という。

・①の社会を実現するには、ボランティアなどを通じた一人ひとりの積極的な [②] が必要である。

05 国や地域によって千差万別！生活に密着している文化
──暮らしに生きる伝統文化

ここが大切！
❶ 文化は人々の生活環境の中から生まれる
❷ 文化財保護法で伝統文化を守る

❶ 文化は人々の生活環境の中から生まれる

「文化」とは、生活様式やあいさつの仕方、礼儀作法や科学・宗教・芸術など、**生活環境の中で形成されてきた行動や価値観**などのことです。

日本は、かつて中国伝来の漢字からひらがなやカタカナをつくったことからもわかるように、海外からきた文化を取り入れ、それを自国文化と融合させたり、また独自にアレンジしたりするのが得意です。

例えばバレンタインデーなどがそうです。有名な話ですが、あれはキリスト教の聖なる日を、日本のお菓子メーカーが商売に利用したものです。本来2月14日は、兵士に結婚禁止を命じたローマ皇帝に逆らい彼らの愛を守った聖ウァレンティヌスの処刑日ですから。

しかし懐かしいですね。かつて著者もそうでしたが、あの日だけはすべての中高生男子が挙動不審です。みんな万が一を期待して「机・カバン・下駄箱のチェック／下校時間を遅らせる／1人きりの時間をつくる」に余念がありませんでした。

話を戻しましょう。文化の話です。日本は海に囲まれ、山に囲まれ、四季の移り変わりがあるため、**自然の美しさも文化の形成に影響**しました。「世界一

[日本の四季とおもな年中行事]

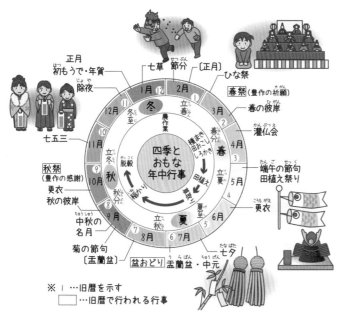

正月 初もうで・年賀
除夜
七草 節分 〔正月〕
ひな祭
春祭（豊作の祈願）
春の彼岸
灌仏会
端午の節句 田植え祭り
田植え
更衣
七夕
盆おどり 盂蘭盆・中元
菊の節句 〔盂蘭盆〕
中秋の名月
更衣 秋の彼岸
秋祭（豊作の感謝）
七五三

四季とおもな年中行事

立春 立夏 立秋 立冬
春分 夏至 秋分 冬至
農作業 椿まき・田おこし・しろかき 田植え 稲刈り 脱穀

※ Ⅰ…旧暦を示す
　□…旧暦で行われる行事

ひとことポイント！

雑煮に見る文化

正月に食べるお雑煮も「文化」です。そこにはかなり地域性が現れます。

著者は香川県生まれの愛媛県民で、親戚はみんな香川にいます。そして香川のお雑煮は、なんと「あん餅・白味噌・煮て食べる」です。

他県にそんなクレイジーな雑煮はありません。著者の個人的な見解ではありますが、あんこの甘さと白味噌の甘じょっぱさが、絶望的に合いません。「それうまいの？」と聞かれますが、もちろんまずいです。でもおいしいという人も大勢いて、県内は賛否両論まっぷたつです。友情が壊れることもあります。そのお雑煮を正月に親戚一同集まって、神妙な面持ちでいただきます。文化ですから。

でも、著者はそのお雑煮が嫌いなのに、東京で四角い餅を焼いてすまし汁に入れるのは「あ、違う」と思ってしまいます。香川のほうが「圧倒的に違う」のに。文化って根深いですね。

短い詩」である俳句に必ず「季語」を入れるのなどが、まさにそうですね。

また**日本は「稲作農耕」の国**であるため、そこから形成された文化もあります。まず機械化以前の農作業は重労働でしたから、そこで共同作業をこなすために「助け合い」や「和」の精神、「勤勉な気質」が育まれました。

さらに農業は自然災害一つで台無しになりますから、**神への祈願や感謝の場である「祭り」を軸とする「年中行事」も形成**されていきます。古代日本では、**自然現象はすべて神であり、「恵み」をもたらすと同時に「祟り」ももたらしました**。だから神（＝自然）とうまくつき合うことが、農業においてはとても大切だったのです。

②　文化財保護法で伝統文化を守る

少子高齢化や過疎化の進行は、年中行事や能や歌舞伎などの日本の**伝統文化**の継承を危うくします。日本ではそれらを守るために**文化財保護法**を制定し、国・都道府県・市区町村ごとに有形・無形の文化財を指定し、その保護に努めています。例えば、島根県大田市内の小中学校では、石見銀山を深く理解するために世界遺産学習に取り組んでいます。世界遺産学習を通じて、子どもたちに石見銀山に対する愛情や誇りを持ってもらおうと努めています。

✏️ コレだけはおさえておこう！

・人々が生活環境の中で形成してきた行動や価値観などを ① という。

・毎年決まった時期に行う特別な行事を ② という。

・有形・無形の文化財を指定し、保護する法を ③ という。

06 マンガ・アニメは日本の誇る現代文化だ
——多文化共生を目指して

❶ 日本のサブカルチャーや伝統文化が世界に広がっている
❷ 異文化を理解し、違いを認め合って共生することが大切

①日本のサブカルチャーや伝統文化が世界に広がっている

「マンガ・アニメ・ゲーム」は、今や日本が世界に誇れる「文化」となりました。

特にマンガとアニメは、今や世界中にファンを持つ、現代日本を代表する文化となりました。これらはもともと、アメリカのコミックやアニメーションをアレンジしたものですが、日本人はこの手のアレンジが得意です。しかもマンガとアニメの制作は、どちらも信じがたいほど根気のいる作業ですが、日本人の気質に合っていました。

[回転ずしを楽しむ外国人]

もちろんそれ以外にも、今や日本文化は、世界に幅広く浸透しています。古くは、19世紀ヨーロッパ美術に影響を与えたジャポニスム（＝日本趣味。浮世絵の影響を受けたゴッホなどが有名）、現代だと歌舞伎や落語の海外公演、スポーツならば柔道や空手、食べ物ならばスシにテンプラ……。数え上げればきりがありません。

ほかにも、日本文化を表現する言葉が、世界でそのまま使われるケースも増えてきました。例えば、アイドルグループやコスプレ、ゴスロリは"かわいい"、アニメ好きは"オタク"、仲間と歌いたくなったら"カラオケ"、リサイクルは"もったいない"(by ワンガリ・マータイ〈ケニアのノーベル平和賞受賞者〉) などです。

政府はクールジャパン戦略を打ち立て、クールジャパン戦略担当大臣や経済産業省内に設置した「クールジャパン政策課」を司令塔に、日本のサブカルチャーや伝統文化を世界

ひとことポイント！ ブラジル人の街

以前、著者が静岡県浜松市で講義をしていたころ、街の中にブラジル人の少年少女があまりにも多いのに驚いたことがあります。なぜ驚いたかというと、東京で「ブラジル人の少年少女の集団」を見かけることはほとんどないからです。

在日ブラジル人の大多数は、製造業のメーカーが多い東海地方と北関東に居住し、そこにブラジリアンタウンを形成しています。ほかの地域ではほぼ見かけません。

に向けて発信しています。そのおかげで**日本に来る外国人観光客も年々増加**し、1996年には384万人だったその数は、23年後の2019年には3188万人を記録しました。

一方、日本に根づく外国文化もあります。日本に数多く居住する中国人（約81万人）や韓国人（約45万人）、フィリピン人（約28万人）、ブラジル人（約21万人）などは、その多くが日本の中で自国の文化を守りながら生活しています。

② 異文化を理解し、違いを認め合って共生することが大切

しかしこれだけ日本文化が注目され、日本を訪れたり日本に居住する外国人が増えてくると、**多文化共生**が非常に大切になります。

多文化共生とは、**互いの文化の違いを認めながら共に生きていくこと**で、その鍵となるのが自分と違う異文化を理解しようとする態度（**異文化理解**）です。

異文化理解で大切なのは、まず「自民族中心主義」を捨てることです。そしてそのうえで、**異文化の持つ普遍性**（同じ人類が生んだ文化）と**個別性**（異なる民族が生んだ文化）を尊重する。まずはこれができることが、多文化共生への第一歩といえるでしょう。

[複数の言語で書かれた注意書き]

撮影禁止

No Photography
촬영금지
禁止拍照

✎ コレだけはおさえておこう！

・日本のサブカルチャーや伝統文化を世界に向けて発信するための戦略を ① という。

・互いの文化の違いを認めながら共に生きることを ② という。

・自分と違う異文化を理解しようとする態度を ③ という。

答え ①クールジャパン戦略　②多文化共生　③異文化理解

07 責任を伴わない自由なんてありえない！
――社会集団の中で生きる私たち

ここが大切！

❶ 社会集団で生きる個人に必要なのは「自由」と「責任」
❷ 「対立」が生まれたら、話し合って「合意」を目指そう

❶ 社会集団で生きる個人に必要なのは「自由」と「責任」

　地域社会や学校、職場など、常に何らかの**社会集団**に属して生きている私たちは、**社会的存在**と言われています。

　例えば家族という社会集団であれば、私たちは家族との団らんの中で安らぎを得たり、きずなを深めたり、支えあってともに成長していきます。そして私たちは家族との生活の中で、社会生活の基本的なルールを身につけます。

　家族だけでなく、地域社会も私たちに身近な社会集団です。地域社会では、住民どうしのふれあいのほか、近年では育児や介護の協力や、防災・安全への取り組み、伝統文化の継承などの役割が見直されています。

　そして、社会集団に属しているうえで、必要なのは**自由**と**責任**です。他者と関わりを持つ以上、**何の責任も負わず自由だけを主張するのは、ムシがよすぎます**。

　社会生活で人と接して生きているのに、自分だけが快適ならばいいなんてことはありえません。そんなことを許したら、日本はメチャメチャになります。街の中にはごみが散乱し、商店街を時速100キロメートルで車が暴走し、男子生徒は全員モヒカン・革ジャンで登校し、テレビの国会中継では与党の議

[家庭の役割]

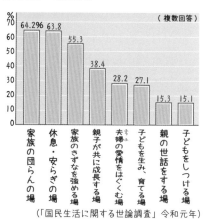

（「国民生活に関する世論調査」令和元年）

[地域でのつき合いの程度]

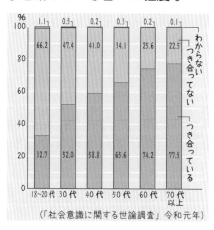

（「社会意識に関する世論調査」令和元年）

ひとことポイント！ サルトルの「自由と責任」

フランスにサルトルという哲学者がいました。彼によると私たち人間は、"人間とはこういうものだ"といえるような本質を何一つ持っていない、完全に自由な存在です。

しかしこの自由は、あまり嬉しくありません。なぜならこれは、例えば誰かが罪を犯したときに「人間とは罪深い存在だから、私は罪を犯してしまいました。すみません」という言い訳を許してくれないことになるからです。

人間は自由であるがゆえに、自分のなすこと一切について責任がある。そしてその責任からは、誰も逃れられない──サルトルはこれを「自由の刑」と表現しました。サルトルの著作を読んでいると、何だか自由が重苦しくのしかかってくるように感じられます。

員と野党の議員が髪の毛をつかみ合ってののしり合うでしょう。

②「対立」が生まれたら、話し合って「合意」を目指そう

人は一人ひとり価値観が違いますし、その価値観を含め、さまざまな**多様性**を受け入れるのが、真の**民主主義**です。しかし、立場が違えばそれぞれの利害も変わってくるため、ときには意見の違いから**対立**が生じます。

家族間では夕食の献立で意見が分かれることがあるでしょうし、学校では文化祭の出し物を何にするかや、部活動での校庭の割り振りでもめることもあるでしょう。このとき、何もしなければ、問題は解決しません。必要なのは**合意**です。

合意とは、**対立を解消するために、互いに受け入れることのできる解決方法を考え、実行すること**です。当然そこでは、私たちは自分の意見を主張するだけでなく、**相手の話をよく聞き、互いに受け入れられる妥協点を探って話し合う**ことが求められます。夕食の献立も、文化祭の出し物も、部活動での校庭の割り振りも、みんなでよく話し合い全員が納得できる合意が得られれば、気持ちよく過ごすことができるのです。

この考え方は、家族内や学校内といった身近なところだけでなく、国の政治のように社会全体にかかわる問題にもあてはまります。

コレだけはおさえておこう！

・家族など、互いに協力して集団生活を行い、生きてきた集団を　①　という。

・人間には考え方の違いや個性があるので、　②　が起きることがある。

・対立を解消するために、互いに受け入れることのできる解決方法を考え、実行することを　③　という。

答え ①社会集団　②対立　③合意

PART 1 現代社会と私たちの生活

08 「多数決こそが正義」は危険！
——トラブルを解決する「効率」と「公正」

ここが大切！

❶ よりよい合意をつくるには「効率」と「公正」を考える
❷ 話し合いと合意から「決まり（ルール）」が生まれる

❶ よりよい合意をつくるには「効率」と「公正」を考える

　対立を解消し、人々の合意を得るには、**その解消策が人々の納得いくものであること**が求められます。ここで大事になってくるのが**効率と公正**の考え方です。

　効率とは、無駄を減らして最大の利益を得ることです。つまりは「費用対効果」、せっかくお金と時間をかけて問題を解決するのに、その効果が労力に見合っていなければ、話になりませんものね。

　効率を求める場合は当然、**話し合いと合意が必要**になります。例えばマンションの自転車置き場に防犯カメラを設置する場合、各住民が何円ずつ負担するべきか、自転車を持たない人もお金を出すべきか、カメラ設置によって盗難が防止できたことの利益はいかほどのものかなど、全部みんなで話し合って合意しないと、対立の原因になります。

[**話し合いから合意が生まれる**]

　もちろんその際、不十分な合意、だますような合意はご法度です。「ごめんなさいねー、自転車に乗らない方にも出していただいてるの。もちろん金額は少なめだから安心して♡」と言っておきながら、乗らない人からも同額取っていたことがバレれば、合意どころか新たな対立を生むだけです。

　そして、もう１つ大事になるのが公正です。この場合の公正とは、**合意の際互いに相手の意見を尊重し、全員に最大限配慮すること**です。その際、仮に自分の利益が多少削られることになっても、反発して自分の意見をゴリ押ししてはいけません。なぜならあなたのゴリ押しのせいで、もっと不利益を被る人が出るかもしれないからです。

少数意見の尊重

「多数決の暴力」を回避し、少数意見を尊重する手段として、あえて少数者を優遇するやり方があります。

例えばクオータ制。これは日本では導入されていませんが、政治的な男女平等を実現するため、国会議員や大臣の数の一定数を女性にするというやり方です。あるいは男女雇用機会均等法における積極的是正措置。これは職場における男女の実質的平等を実現するため、一定期間だけ女性のみ（または男性のみ）の雇用や昇進を実施するやり方です。

どちらも、社会に根強く残る男尊女卑の是正のために、必要なものです。

また、「何が何でも不均衡をなくすぞ！」という公正も、合意形成の場ではよくありません。食べ物がりんご1個しかない洞窟に閉じ込められた身長2メートルの大男と3歳児がりんごをきっちり2等分するのは、逆に不公平です。

そしてこれは、多数決の結果であっても同じです。多数決は、確かに民主主義の基本原則ですが、**「多数決の絶対視」は少数意見を圧殺する「多数決の暴力」**になりえます。さっきの防犯カメラの話で言えば、「多数決により、自転車に乗る人も乗らない人も一律2万円の負担とする」とすれば、両者は間違いなく対立します。とにかく合意形成の場においては、見た目のいびつさを是正することではなく、**いびつさを"実質的に是正"すること**が必要なのです。

２）話し合いと合意から「決まり（ルール）」が生まれる

そして、効率と公正に配慮して合意が形成されれば、今度はそれに基づき**決まり（ルール）**をつくらなければなりません。それは法律であってもマンション規約であってもかまいません。とにかく大切なのは、それが話し合いと合意に基づくルールであることです。

その過程を経ることで、ルールは初めて、みんなの心に**「責任・義務・権利」**の意識を根づかせます。環境が変わればルールも変わりますが、その都度話し合いと合意だけは忘れないようにしないといけません。

✏️ コレだけはおさえておこう！

・無駄を減らして最大の利益を得ることを　①　という。

・相手の意見を尊重し、全員に最大限配慮する考え方を　②　という。

・対立が起こることを防ぐために、社会集団がつくる契約や法律をまとめて　③　という。

09 あたり前だけどあたり前じゃない基本的人権
——人権の歴史

ここが大切！

❶ 人権は、自由権→参政権→社会権の順で広がった
❷ 統治二論のロック、社会契約論のルソー、法の精神のモンテスキュー

1) 人権は、自由権→参政権→社会権の順で広がった

　すべての人が生まれながらに持つ権利を基本的人権といいます。

　偉（えら）そうな物いいですが、今の私たちにとって、人権はあってあたり前のものです。なぜなら日本は**国民主権**の国だからです。主権者とは「支配者」のことですから、**国民主権は「国民全体で国家を支配する」という意味**です。

　なるほど、主権者なら偉そうなのもあたり前です。だから著者が都心で車に乗るとき、主権者は誰（だれ）もどこうとしないのです。クラクションなど鳴らそうものなら「無礼者！」と怒鳴（どな）られます。こちらも主権者なのに、悲しい国ですね。

　かつて主権者は、王さま1人でした。君主主権の時代です。その時代には、国民を生かすも殺すも、すべては王の腹づもり一つ。国民は重い税金を搾（しぼ）り取られ、気に食わない奴（やつ）は牢屋（ろうや）にぶち込まれたり、首をはねられたりしました。

　17〜8世紀のイギリスやフランス、アメリカでは、そういった国家権力の圧政から自由になるため**市民革命**が起こりました。市民革命とは**暴君の打倒（だとう）や圧政からの自由を目指した革命**で、**ピューリタン革命**や**名誉（めいよ）革命**（英）、**独立戦争**（米）、**フランス革命**（仏）などがあります。彼ら

[権利獲得の歴史]

マグナ・カルタ	（イギリス 1215 年）
貴族の特権を国王に認めさせた。	

権 利 章 典	（イギリス 1689 年）
名誉革命 議会の同意のない立法や課税を禁じた。	

のちの人権思想の基礎（きそ）

アメリカ独立宣言	（アメリカ 1776 年）
アメリカ独立戦争 自然権の保持、社会契約、国民主権が説かれた。	

フランス人権宣言	（フランス 1789 年）
フランス革命 アメリカ独立宣言同様、基本的人権の保障を定めた。	

自然権の思想、平等の原則、自由権が広く一般にも認められるようになった。

リンカン、ゲティスバーグでの演説	（アメリカ 1863 年）
民主政治の本質を簡潔に表した。	

ワイマール憲法	（ドイツ 1919 年）
社会権の思想を盛り込み、現代憲法の先がけとなる。	

自由権に加え、人間らしく生きる権利（社会権）が認められた。

日本国憲法	（1947 年 施行）
基本的人権の尊重、国民主権、平和主義を掲げる。	

ひとことポイント！ 社会権と自由権は仲が悪い!?

　自由権は競争社会をもたらすため格差社会を生み、社会権は政府が間に入ることで、その不平等を是正します。そうすると、社会権を具体化した法律は、自由権と相容れないなんてことも起こります。その典型例が「独占禁止法」。確かに同法は、独占企業のような競争社会の勝利者を「違法だからダメ！」と規制するわけですからね。

は革命に勝利し、**権利章典**や**アメリカ独立宣言**、**フランス人権宣言**などを発表して、生命や身体を侵されない自由や財産を蓄える自由といった、**自由権**を獲得しました。

　さて、人々が自由権を獲得すると、世は自由競争をベースとする資本主義社会へと移行していきます。今度の主人公は王さまではなく資本家で、労働者は参政権すら与えられないまま資本家から搾取され、**産業革命**で機械に仕事を奪われました。彼らはたまらず政治への参加を求め、**チャーチスト運動（労働者による参政権要求運動）**を展開しました。これが**参政権**のはじまりです。

　また、資本主義の自由競争は貧富の差を拡大させ、貧困にあえぐ人が多くなっていきます。こうなると、自由も限界。**国家が経済活動に介入して、不平等を是正**するしかありません。このように国家に介入してもらい、人間らしい生活を保障するのが**社会権**です。**社会権の軸**は「**生存権**」。ドイツのワイマール憲法では**人間たるに値する生活を保障**するとし、日本国憲法では「**健康で文化的な最低限度の生活」を保障**するとしています。

　国際連合では**世界人権宣言**が採択され、今日では人権は世界共通の考え方となりました。

　かつてのように権力者の欲望のままに政治を行うのではなく、**法**という明確なルールのもとに権力を使うことを**法の支配**といいます。

②統治二論のロック、社会契約論のルソー、法の精神のモンテスキュー

　人権思想家としては『**統治二論（市民政府二論）**』で自然権思想（人間には生まれながらの権利として、生命・自由・財産などの権利あり）や**抵抗権**（権力の不当行使に対しては、革命の権利あり）を説いた**ロック**（英）、『**社会契約論**』で人民主権論（政治は人民全体の一致した意見に基づき行うべき）を説いた**ルソー**（仏）、『**法の精神**』で三権分立（国家権力を立法権・行政権・司法権に分立すべき）を説いた**モンテスキュー**（仏）が有名です。

✎ コレだけはおさえておこう！

・暴君の打倒や圧政からの自由を目指した革命を　①　という。

・自由にものごとを考え、行動する権利を　②　という。

・人間らしい生活を保障する権利を　③　という。

10 天皇は神から人に、国民は家臣から主権者に!?
──日本の憲法

❶ 昔は天皇ただ一人が主権者で、国民は天皇の家臣だった
❷ 敗戦後、GHQ の草案をもとに日本国憲法がつくられた

① 昔は天皇ただ一人が主権者で、国民は天皇の家臣だった

憲法は、国のあり方の理念を示す「最高法規」で、すべての法や規範の最上位に位置するものです。憲法に違反する法律や条例をつくるのは、もちろんダメです。

今日の私たちの憲法は**日本国憲法**ですが、第二次世界大戦前の憲法は**大日本帝国憲法**（俗に「明治憲法、旧憲法」）といいます。旧憲法は、形式的には天皇が定めた**欽定憲法**でした。なぜなら戦前は天皇ただ一人が主権者であり、国のあり方は主権者が定めるものだからです。ちなみに今日の日本国憲法は、国民の定めた**民定憲法**です。

[新旧憲法の比較]

大日本帝国憲法		日本国憲法
欽定憲法	形式	民定憲法
天皇主権	主権	国民主権
1889（明治22）年2月11日発布	発布・公布	1946（昭和21）年11月3日公布
1890年11月29日	施行	1947年5月3日
神聖不可侵で統治権を持つ元首	天皇	日本国・日本国民統合の象徴
各大臣が天皇を助けて政治を行う	内閣	国会に連帯責任を負う行政機関
天皇の協賛機関 衆議院（国民が選挙）と貴族院 （皇族や華族など）	国会	国権の最高機関、唯一の立法機関 衆議院と参議院（どちらも国民が選挙）
天皇の名において裁判を行う	裁判所	司法権の独立
「臣民／権利」	人権	基本的人権の尊重
天皇に統帥権、兵役の義務	軍隊	平和主義（戦争放棄）
規定なし	地方自治	規定あり（首長と議員は住民が選挙）
天皇の発議→帝国議会の議決	憲法改正	国会の発議→国民投票

しかも天皇はかつて「神」でもありました。今の天皇は、昭和天皇の時代に**人間宣言**をしたので神ではなく、憲法上**日本国の象徴**とされていますが、旧憲法には「**天皇ハ神聖ニシテ侵スヘカラス**」とあったため、**天皇は「神聖不可侵な現人神」として、私たちを超越した存在**とされていました。当然、主権者であり現人神でもある天皇への不敬は絶対に許されず、違反者は法律で厳しく処罰されました。

天皇ただ一人が主権者であるため、**国を治める権利（統治権）は、すべて天皇に集中**していました。今日は憲法上「三権分立」が保障されていますが、戦前はすべての国家権力は、天皇に集中していたのです。そのため、国会は天皇の協賛（同意）機関、内閣は天皇

不十分すぎた政府案

日本政府が最初につくった新憲法案、いわゆる「松本案」は、内容的には旧憲法とほとんど変わらないものでした。「天皇ハ神聖ニシテ侵スヘカラス」は「天皇ハ至尊ニシテ侵スヘカラス」、「天皇ハ陸海軍ヲ統帥ス」は「天皇ハ軍ヲ統帥ス」などといった具合です。

マッカーサーが門前払いしたのも当然ですが、内容以前に、やはり欽定憲法を臣民がいじるなどという大それたことは、畏れ多かったのでしょうね。

の輔弼（サポート）機関、裁判所は「天皇の名において」（忙しい天皇の代理人として）裁判する機関にすぎませんでした。

また天皇一人が主権者だったため、**私たち国民も「臣民」**でした。臣民とは**天皇の従者、家臣**という意味です。確かに天皇だけが主君なら、国民はすべてその家臣ということになりますね。そして家臣である以上、その権利は今日の憲法に規定されているように「侵すことのできない永久の権利」ではなく**臣民の権利**と呼ばれ、**必要な法律さえつくればいくらでも制限できる**ものでした。

②敗戦後、GHQの草案をもとに日本国憲法がつくられた

しかし1945年の敗戦を機に、事態は大きく変わりました。日本は **GHQ（連合国軍総司令部）**に占領統治されたのです。統治とは「国家支配」のことですから、主権行使と同じ意味です。ということは敗戦からサンフランシスコ平和条約までの間、日本はいわば「**天皇主権から GHQ 主権になった**」ということです。

暫定的な主権者となった GHQ の**マッカーサー最高司令官**は、日本に民主的な憲法をつくるよう求めました。ところが日本政府が作成した憲法案は民主化が不十分だったため GHQ に受け取りを拒否され、代わりに **GHQ 自らが草案（マッカーサー草案）を作成**しました。日本政府はそれを若干修正した改正案を帝国議会に提出し、そこで審議されたものが、1947年5月3日に日本国憲法として施行されたのです。

日本国憲法の基本原則は、**国民主権・基本的人権の尊重・平和主義**の3つです。

[**マッカーサー**]

✏️ コレだけはおさえておこう！

・天皇が主権者であった、第二次世界大戦以前の日本の憲法を ┌① ┐ という。

・旧憲法下での人権は ┌② ┐ として、制限されていた。

・第二次世界大戦の敗戦後の1947年5月3日に施行された日本の憲法を ┌③ ┐ という。

答え ①大日本帝国憲法 ②臣民の権利 ③日本国憲法

11 国民こそが 国家の「支配者」だ!!
——国民主権と憲法改正

> ❶ 国の政治の決定権は国民にある
> ❷ 制定から70年以上が経ち、憲法改正論議が高まっている

❶ 国の政治の決定権は国民にある

日本国憲法が制定されたことで、戦後の日本では**国民が主権者**となり、**天皇は「日本国の象徴および日本国民統合の象徴」**となりました。

主権とは「支配権」のことですが、もう少し詳しくいうと「**国家だけが有する最高・絶対の支配権**」です。国家以外の社会集団（例えば都道府県や市町村など）に、主権はありません。なぜなら「最高・絶対」は「唯一性」をも意味し、同じ領域内に複数の「唯一」は存在しえないからです。

［ マッカーサーと
昭和天皇 ］

そして、主権をさらに詳しく見ると、以下の３つの意味があることがわかります。

① 国の政治の**最終決定権**（「国民主権・天皇主権」などの主権）
② **領土不可侵**（「日本の主権のおよぶ範囲は……」などの主権）
③ **内政不干渉**（「あの国のやったことは主権侵害だ」などの主権）

つまり**国民主権**とは「国民全体で国家を支配」と考えてもいいし、「国民全体が、国の政治の最終決定権を持っている」と捉えてもいいわけです。

そして**象徴天皇制**ですが、「象徴」の解釈が難しいです。象徴とは「ハトは平和の象徴」というように、抽象的な概念を連想しやすくするため引き合いに出される具体的事物で、ここでは「ハト＝平和のイメージ」が成立しています。ところが「天皇＝日本のイメージ」は、ピンときません。だから象徴天皇は**主権者とは一線を画した、日本人誰しもの心にある存在**という解釈でいいでしょう。

とにかくここで大事なことは、天皇が主権者ではないということです。**主権者でないならば、国政機能は持てない**。だから今日の天皇は政治的な発言が一切できず、儀礼的な**国事行為**のみを、**内閣の助言と承認**があって初めて行うことができるのです。

ひとことポイント！　天皇の生前退位

　2016年、当時の天皇陛下（現在の明仁 上皇）が、年齢と健康上の理由から、象徴としての公務に不安があると吐露され、生前退位を望むことを「意向」として「示唆」されました。なぜ「意向」「示唆」なのか？——それは公に退位を明言することは、法律や皇室典範の改正を要求することになり「国政への介入」ととられる危険があるからです。憲法4条に天皇は「国政に関する権能を有しない」とありますから、これはまずいです。

　結局「国会が自発的に天皇の意向をくむ」形で「天皇の退位等に関する皇室典範特例法」が制定され、当時の天皇一代に限り、生前退位を行うことが承認されました。

②制定から70年以上が経ち、憲法改正論議が高まっている

　今日、日本をとりまく国際環境の変化や、制定後の経過年数（70年以上経過）などを考えて、**憲法改正論議**が高まっています。

　日本国憲法は、**改正に特別な手続きを要する「硬性憲法」**です。そのため憲法改正には、法律の改正よりも慎重な手続きが必要です。日本国憲法第96条によると、**衆参両議院の「総議員の3分の2以上の賛成」**でまず国会が憲法改正を発議し、その後「国民投票」で過半数が賛成すれば、憲法は改正できます。そしてその国民投票には、**国民投票法**の規定により、2018年6月21日から満18歳以上の日本国民が参加できるようになりました。

　憲法は国のあり方を定めた最高法規だからこそ「①原則守る必要がある」。これは当然です。ところが、最高法規だからこそ「②現実社会と憲法内容のずれが好ましくない」ことも事実です。そうなると、憲法は改正してはいけないのか、あるいは状況に応じて改正すべきなのか、非常に判断が難しくなります。

　憲法改正の是非はともかく、一つ言えることがあります。**憲法は国民のためにあるもの**です。「国民が憲法のためにある」のではありません。だからこそ、憲法は原則守るものですが、万が一の必要性に備えて、憲法第96条には「改正手続き」も規定されています（改正が絶対ダメならこの規定はないはずです）。ほかの主要国の改憲回数を調べてみると「アメリカ6回・フランス27回・ドイツ60回」と多く、サミット参加国の中で憲法改正をしたことのない国は日本だけでした（成文憲法がないイギリスは除く）。

✎ コレだけはおさえておこう！

・日本国憲法の3つの基本原則のうち、国の政治の最終決定権は国民が持ち、政治は国民の意思をもとに行われる原則を　①　という。

・天皇の行う儀礼的な行為を　②　といい、その実施には必ず　③　が必要である。

・国民投票権は、2018年6月21日より満　④　歳以上の日本国民に与えられた。

答え　①国民主権　②国事行為　③内閣の助言と承認　④18

12 自衛隊は戦力ではなく「実力」!?
——日本の平和主義

ここが大切！

❶ 政府は自衛隊を合憲と解釈
❷ 防衛のためにアメリカと日米安全保障条約を結んでいる

1 政府は自衛隊を合憲と解釈

とある討論番組で「**自衛隊**は違憲か合憲か」という話が出たときに、出演者が「あなた憲法第9条第2項も知らないの？……小6の授業でもやりますよ！」と発言していましたが、予備校の現場感覚で言えば、小6どころか大学受験生でも、第9条第2項を言える人なんてほぼいません。大人だってほとんど知らないはずです。たいがいの人は「憲法第9条＝**平和主義**」で止まっています。

[日本の自衛隊]

でも大事なことですから、この機会に覚えましょう。
憲法第9条は、第1項が「戦争放棄」、第2項が「戦力の不保持」と「交戦権の否認」です。

ではその第9条第2項をふまえて考えてみましょう。自衛隊はそれに触れる違憲（憲法違反）の組織なのでしょうか？

政府の結論としては**合憲**です。なぜなら政府解釈では、自衛隊は戦力ではなく「**自衛のための必要最小限度の"実力"**」ですから。

え？ 戦力ではなく「実力」？ ……まさか日本政府は、自衛隊の保持というデリケートな問題を、とんちで切り抜けるつもりでしょうか？ しかし過去には、憲法第9条も警察予備隊（自衛隊の前身組織）も、GHQ時代の産物という前例があります。GHQ は表向きには吉田茂に首相を務めさせつつ、裏では巧妙にアメリカが間接統治していましたから、**1952年の主権の回復までの日本の政策は一見、日本製に見えてもかなり多くの政策が「アメリカ製」**なのです。

しかも世界が「話せばわかる国」ばかりでない以上、政府としては自国を守る組織のことも考えないわけにはいきません。だから日本政府は自衛隊を強引に合憲と解釈し、国防や災害派遣、国連の**平和維持活動（PKO）**の場で活用しています。

さらには2014年より、政府は**従来まで違憲と解釈されていた「集団的自衛権」**（自国と

ひとことポイント！　日本も核武装できる!?

　非核三原則をかかげる日本ですが、日本政府は「自衛のための必要最小限であれば、核も保有できる」との立場をとっています。確かに核兵器は「防御不能の兵器」ですから、核兵器を持つ敵国がいる場合、自国も核を持たないと抑止力になりません。つまり「お前らにも壊滅的なダメージを与えるぞ！」という脅し以外、脅しにならないという理屈です。

　しかし日本は、実際に被爆経験のある唯一の国ですから、素直に「そうだ、そうだ」とはいえないところが難しいです。

密接に関係する同盟国などを、実力で共同防衛する権利）（つまり親しい国への助っ人）の行使を、条件付きで認めるという解釈変更も行っています。

②　防衛のためにアメリカと日米安全保障条約を結んでいる

　自衛隊のほか、日本の安全保障を支えるもう１つの大きな組織として「在日米軍」があります。そしてその米軍駐留を認め、日米が安全保障上の同盟国となる条約が「日米安全保障条約」です。

　アメリカは「自分を脅かす敵を牽制」するため、日本は「第９条で不十分になりがちな安全保障面を補完」するため、双方国益にかなった条約といえます。しかしそのせいで、米軍そのものが第９条違反ではとの指摘や、沖縄県に基地の大半（全体の75パーセント）が集中する問題、日本が多額の経費負担を求められる問題などが

[沖縄県の米軍提供施設・区域]

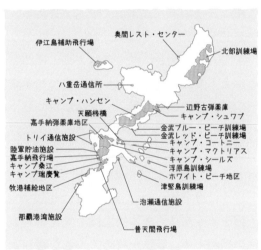

発生し、反対運動が絶えません。1951年に締結されたこの条約がわずか１回しか改正されていない（1960年）のも、改正のたびに「安保闘争」のような抗議デモが盛り上がるのを避ける意図もあるのでしょう。

✎　コレだけはおさえておこう！

・憲法第９条には、第１項に　①　、第２項に　②　と　②　が規定されている。

・自国と関係の深い国が攻撃された場合、自国が攻撃されていなくてもその国を守る権利を　③　という。

・米軍の日本駐留を認める条約を　④　という。

答え　①戦争放棄　②戦力の不保持／交戦権の否認　③集団的自衛権　④日米安全保障条約

13 犯罪者にだって人権はある!?
──基本的人権と個人の尊重

ここが大切!

❶ 「個人の尊重」の原理により基本的人権が保障される

❷ 人権はすべての人に保障されている

① 「個人の尊重」の原理により基本的人権が保障される

自由権・平等権・参政権・請求権・社会権。基本的人権は5種類ありますが、すべて言える人はなかなかいません。

でも、この機会に覚えましょう。権利意識を持つことはとても大切です。もしもあなたが基本的人権を何一つ覚えていないまま、不愉快な目や理不尽な目、不利益を被る目にあってしまうと、あなたはそれが「権利侵害」だと気づくことができません。ただただどろんと濁った目をして「ああ、何かムカつくなあ……」と思うだけです。これではあなたが損をするだけです。

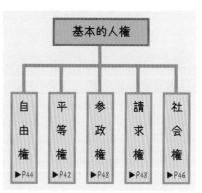

[5種類の基本的人権]

基本的人権

自由権	平等権	参政権	請求権	社会権
▶P44	▶P42	▶P48	▶P48	▶P46

損をする前に、基本的人権を覚えましょう。基本的人権は、日本国憲法で保障された国民の権利です。**憲法が認めてくれた権利ということは、私たちがそれを誰かから侵害されたときには、国に「助ける責務」が生まれる**のです。

「でもそんなにいっぱい、覚えられないよ……」なんて思ってはダメです。世の中は、知らないと損をすることばかりなのです。ならせめて、一つだけでも覚えておきましょう。憲法第13条の個人の尊重です。

憲法第13条は「**個人の尊重・幸福追求権**」とも言えますが、これは非常に便利な人権です。なぜならあなたが幅広い意味で不愉快な目にあったとき、すべて「第13条違反だ!」と主張することができるからです。例えばあなたが少々ややこしい連中からまれたときにも、相手に向かって「君たちがやっていることは、憲法第13条で保障された"個人の尊重"の侵害だぞ! 何の権利があって、私の幸福追求権を侵害する?」と言えるのです。よりややこしい事態になるかもしれませんが、少なくとも権利が侵害された自覚があれば、このように、堂々と声をあげることも、また、裁判を通して救済を求めることもできます。

ひとことポイント！ 代用監獄って？

世界では一般的に、逮捕後の被疑者の勾留は、警察署とは別の場所にある「拘置所」で行い、捜査機関の人間はそこまで出向いて取り調べを行います。ところが日本では、2006年まで法律で「警察署に付属する留置場を監獄に代用できる」と規定されていました。条文の表現は変わりましたが、現行の法律で変わらず留置場の使用を認めているため、ほとんどの被疑者は留置場という「代用監獄」に勾留されたまま、取り調べを受けます。

被疑者からすれば、警察署内という「完全アウェイ」で長時間の取り調べから生活管理までされるわけですから、たまったもんじゃありません。人権侵害の温床です。

[留置場と拘置所]

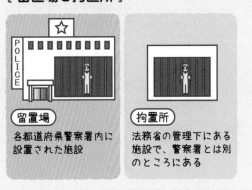

留置場
各都道府県警察署内に設置された施設

拘置所
法務省の管理下にある施設で、警察署とは別のところにある

私たちが声をあげない限り、国には届きません。しかし国は権利侵害の事実を把握しさえすれば、私たちの人権保障を推進する責務があるのです。

② 人権はすべての人に保障されている

人権保障は、子ども・高齢者・障がい者・女性など、特に社会の中で弱い立場に位置づけられることが多い人々にとって大切です。そういう意味では、犯罪者の人権だって守らなければなりません。「犯罪者の権利なんて、守ってやる必要ないよ」と思う人もいるでしょうが、そのように社会から敵視され擁護してくれる人が少ない時点ですでに弱い立場といえますし、ひょっとしたら、処罰される違法行為以外は善良な市民かもしれません。あるいは、社会的弱者だからこそ違法行為を働かないと生きていけなかったのかもしれませんし、冤罪の可能性だってあります。

とにかく人権は、**すべての人に保障されている**ものです。憲法における人権保障は、すべての「権利を侵害された人」の主張の支えになるものとして、とても大切なのです。

コレだけはおさえておこう！

・憲法上保障されている基本的人権は、自由権・ ① ・参政権・ ① ・社会権の５つに分類できる。

・憲法第13条の ② は、人権の包括的規定である。

・②を守るために、国が最大限に尊重しなければならない国民の権利は ③ である。

答え ①平等権／請求権 ②個人の尊重 ③幸福追求権

14 日本に存在する差別問題
——共生社会を目指す平等権

❶ 被差別部落、アイヌ民族、在日韓国・朝鮮人への差別は今もある
❷ 男女差別、障がい者差別などの解消に向けた法整備が進んでいる

❶ 被差別部落、アイヌ民族、在日韓国・朝鮮人への差別は今もある

　憲法第14条には**法の下の平等**として**平等権**が規定されています。正確には「すべて国民は、法の下に平等であって、人種、信条、性別、社会的身分又は門地により、政治的、経済的又は社会的関係において、差別されない」という文です。

　しかし実際には、偏見に基づく差別は、まだまだ現存します。例えば**部落差別**。明治政府は1871年に被差別部落民の身分・職業とも平民と同様とする「解放令」を発しましたが、具体策を伴わなかったため、その後も差別は残りました。1965年に**同和対策審議会（同対審）答申**で、政府審議会が**「部落差別をなくすことは国の責務であり、国民的課題」と宣言**したことをきっかけにようやく同和対策事業が推進されはじめましたが、まだまだ課題は多く、2016年には部落差別解消推進法が制定されました。

　アイヌ民族もそうです。もともと北海道の先住民族として独自の言語や文化を持っていた彼らは、明治政府の進めた北海道開拓事業のせいで土地を奪われ、北海道旧土人保護法に基づいて日本人との同化政策を強要され、長らく差別されてきました。

　しかし1997年には上記法が廃止され**アイヌ文化振興法**が制定されました。これは**日本初の民族保護法**です。さらに2008年には「アイヌ民族を先住民族とすることを求める決議」が国会で全会一致で可決され、2019年制定の**アイヌ新法**ではついに、「アイヌ民族は北海道の先住民族であること」が、法律に明記されるにいたりました。

　さらには、**在日韓国・朝鮮人**の問題もあります。彼らの多くは、植民地時代に日本への移住を余儀なくされたり、戦時中に強制的に連れてこられたり、朝鮮戦争の戦火を逃れてきた人たちです。その人数は2020年時点で約46万人と言われていますが、そのうちの31万人が**特別永住者**（第二次世界大戦以前より日本に住み、サンフランシスコ平和条約で日本国籍を離脱した後も在留する韓国・朝鮮・台湾などの出身の人々およびその子孫）として、一定の保護を受けています。しかし今なお、彼らは日本社会の中で、有形・無形の差別を数多く受けています。

「先住権」への道は遠い

[アイヌの人々]

2019年のアイヌ新法にアイヌ民族が北海道の先住民族であることが明記されました。しかし同法には、アイヌの人々が求めていた「先住権」は規定されていません。先住権は、土地の返還訴訟や資源の利用、独立問題にもつながりかねないため、政府は慎重な決議にとどめたのです。世界的に見ても、先住権が全面的に認められることは稀です。

2) 男女差別、障がい者差別などの解消に向けた法整備が進んでいる

ほかにも日本には、根強く残る男尊女卑のせいで、職場における女性差別が現存し、女性の社会進出の妨げになっています。国会はこれへの対処として、1985年に**男女雇用機会均等法**を、また1999年に**男女共同参画社会基本法**を制定し、雇用面での差別禁止や男女がともに参画できる社会づくりを推進しています。

また障がい者への配慮として、**バリアフリー化**の促進や、地域社会との共生を目指す障害者基本法の制定、障がい者への差別を禁止する**障害者差別解消法**の制定などが実施されています。

[車いすでも入れる電話ボックス]

コレだけはおさえておこう！

・障がい者や高齢者など、すべての人が安全で快適に過ごせるように、通路の段差などの障がいをなくすことを　　①　　という。

・1997年制定の、日本初の民族保護法は　　②　　である。

・1999年制定の、男女がともに参画できる社会づくりを目指した法律を　　③　　という。

答え　①バリアフリー　②アイヌ文化振興法　③男女共同参画社会基本法

15 「おれは自由だ〜!!」って、誰から、何から？
——自由に生きられる自由権

❶ 自由権＝「国家権力」による介入・干渉から自由になる権利
❷ 自由権には精神の自由、身体の自由、経済活動の自由の３つがある

①自由権＝「国家権力」による介入・干渉から自由になる権利

　自由権という言葉はよく耳にしますが、しっかり説明できる人は少ないです。ちょっと考えてみましょう。自由とは「何らかの束縛を受けない」ことですが、では私たちは一体、何から自由になればいいのでしょうか。

　ズバリ**国家権力から自由になればいい**のです。そう、自由権とは**国家権力による介入・干渉から自由になる権利**のことなのです。

　私たちが個人として尊重され、人間らしく生きるためには、自由に物事を考え、自由に意見を表明し、自由に行動できることが必要です。しかし人間の歴史には、しばしばそれを邪魔するものが現れました。国家権力です。

　国家権力とはいっても、無機的なものとは限りません。それは国王であったり軍事政権の独裁者であったりと、多くの場合人の姿をして現れます。そしてその国家権力が私たちに服従を強い、義務や規制で私たちの生活を縛り上げ、刃向かうことも意見することも許さない。これでは個人の尊重も人間らしい生活も不可能です。

　だから私たちは、歴史の中で国家権力と闘い、自由を勝ち取ってきました。それが**王を倒す革命、市民革命**です。そういう意味では、自由権の歴史は市民革命の歴史と言い換えることもできるでしょう。

　よく、ノルマに追われている営業マンや、「受験が済むまでゲーム禁止」と親にゲーム機を取り上げられた受験生が「俺には自由がない!!」などと嘆きますが、自由権の観点からすれば、彼らはとても自由です。なぜなら彼らには、嫌なら会社を辞める自由も受験をしない自由もあるからです。

　本当に自由権がない状態とは、そもそも職業を選べないだとか、貴族以外は大学進学できないなど、**国家がつくった制約のせいで自由がない状態**をいうのです。

ミルの自由－他者危害原則

他者危害原則とは、哲学者・経済学者・政治学者として有名なミルの唱える自由のあり方です。彼によると「他者に危害を加えない限り、何をするのも自由」というのが、本当の自由権だそうです。その考えに従うと、私たちには、麻薬で自分の体をボロボロにする自由も、危険運転で壁に激突して自分だけ死ぬ自由もあることになります。

一見ムチャクチャを言っているみたいですが、「多様な価値観を尊重するのが民主主義」と考えれば、確かに一理あります。

② 自由権には精神の自由、身体の自由、経済活動の自由の３つがある

ひとくちに自由権と言っても、３つあります。

まずは**精神の自由**。これは**思想・良心の自由（第19条）、信教の自由（第20条）、集会・結社・表現の自由（第21条）、学問の自由（第23条）の４つ**です。

それから**身体の自由**。これは**国家権力による身体的拘束からの自由権**、大ざっぱにいえば「逮捕された人の人権」です。ここには、逮捕の際には裁判所が発行した逮捕令状が必要（第33条）であるとか、拷問や残虐な刑罰の禁止（第36条）であるとか、被告人の権利（第37条）、自白の強要の禁止（第38条）などが書かれています。

さらには**経済活動の自由**。これは**居住・移転・職業選択の自由（第22条）と財産権の保障（第29条）の２つ**ですが、この自由権は貧富の差など社会的不平等に直結するため、**「精神の自由」、「身体の自由」と比べて制限がかけられる**ことが多々あります。

［ 日本国憲法にみる自由権 ］

自由権	精神の自由	思想・良心の自由	第19条
		信教の自由	第20条
		集会・結社・表現の自由	第21条
		学問の自由	第23条
	身体の自由	奴隷的拘束・苦役からの自由	第18条
		法定手続きの保障、罪刑法定主義	第31条
		逮捕、捜索などの要件	第33条～第35条
		拷問の禁止、自白の強要の禁止などの刑事手続きの保障	第36条～第39条
	経済活動の自由	居住・移転・職業選択の自由	第22条
		財産権の保障	第29条

✎ コレだけはおさえておこう！

・国家権力から個人の自由を保障する権利を　①　　という。

・自由権とは、精神の自由・　②　　・経済活動の自由の３つである。

・経済活動の自由とは、　③　　と財産権の保障の２つである。

PART 2 ▶ 個人の尊重と日本国憲法

16 「健康で文化的な 最低限度の生活」って何？
——人間らしい生活を目指す社会権

> **ここが大切！**
> ❶ 自由権の拡大が社会権を生んだ
> ❷ 社会権には生存権、教育を受ける権利、勤労の権利、労働基本権がある

1) 自由権の拡大が社会権を生んだ

　私たちの自由権は、市民革命で王を倒したことで獲得されました。17 ～ 18世紀のイギリスやフランスでの話です。

　暴君を倒し自由を得たことで、経済活動への制約がなくなり、世の中は一気に資本主義社会へと移行します。念願の自由を獲得して、人々もさぞかし活気づいたことでしょう。

　ところが、活気づきすぎました。欲望むき出しの資本主義が暴走すると、**社会全体の富は増大しますが、「貧富の差」は拡大**します。その結果、資本家だけが幸せになり、その他大多数の人々は、逆に格差に苦しむことになります。

　資本主義の本質は「自由競争」であり、競争は必然的に人々を「勝ち組と負け組」に分けます。そして、どんな競争も最後に勝つのは１人だけですから、競争が進めば進むほど勝ち組の数は減り、世の中は負け組だらけになります。そして、**資本主義が最高の発展段階をむかえたころには、世の中はごくひと握りの「勝ち組」である独占企業と、溢れ返る「負け組」とに分かれてしまう**のです。

　ここまでくると、もう人々も「自由はすばらしい」とは言っていられなくなります。政府に助けを求めないと、生活が立ち行きません。民主主義の政府が国民全体の幸せを望むならば、やってもらうべきことは**不平等の是正**です。

　こうして**社会権**は生まれました。つまり社会権とは、国家に介入してもらうことで人々の「人間らしい豊かな生活を保障する」ものなのです。

2) 社会権には生存権、教育を受ける権利、勤労の権利、労働基本権がある

　社会権は、憲法第25 ～第28条に規定されています。内容は、**生存権（第25条）、教育を受ける権利（第26条）、勤労の権利（第27条）、労働基本権（第28条）**です。労働関係の第27条、第28条は後述しますので、ここでは生存権と教育を受ける権利のみ取り上げ

生活保護ビジネス

生活保護は、住所がないと受給できません。そこを悪用したのが生活保護ビジネスです。どういうことかというと、ホームレスに無料宿泊所と最低限の食事を与え、代わりに生活保護を受給させてその大半を搾取するという悪質な「貧困ビジネス」です。

行政も対応に乗り出しましたが、その前に悪徳業者が、ホームレスたちから集団提訴されました。そりゃそうです。6畳間のボロアパートに10人ぐらい押し込み、食事だけ与えてお金は全部奪うなんて、ひどい話です。

ます。

生存権は憲法第25条で「**健康で文化的な最低限度の生活を営む権利**」と規定されていて、それを具体化する法律が**生活保護法**です。しかし最高裁判所は、朝日訴訟（朝日茂さんが、当時生活保護費を月600円しか支給されなかった裁判）の判決で、**第25条は国家がその実現に努めるべき責務（つまり「努力目標」）を規定しただけのもの（プログラム規定）であり、具体的な権利救済には直結しない**と述べています。この結果だけみると、国は必ずしも私たちの生存権を守ってくれるわけではないというふうにも見えてしまいますね。

そして教育を受ける権利ですが、基本的な方針は教育基本法に規定されています。さらに第26条には**教育の義務**も規定されていますが、これは意味を勘違いしている人が多いので、気をつけましょう。教育の義務とは「**教育を受ける義務**」ではなくて、保護者が子どもに「**普通教育を受けさせる義務**」（つまり保護者側の義務）のことです。

[社会権の種類]

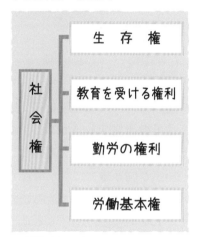

[生活保護のしくみ]

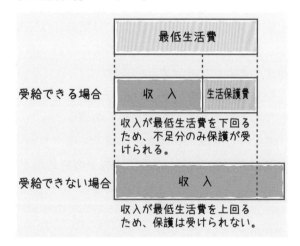

✎ コレだけはおさえておこう！

・人間らしく生きることを保障する権利を　①　という。

・日本国憲法における社会権は、　②　、　②　、勤労の権利、労働基本権の4つである。

17 「参政権なんていらねーよ」とか言っちゃダメ！
──参政権と請求権

ここが大切！

❶ 自分の人権を守るためにも、政治に参加することが大事
❷ 請求権とは、国に対して一定の行いを要求する権利

1 自分の人権を守るためにも、政治に参加することが大事

参政権は、人権保障をより完璧（かんぺき）に近づけるために、とても大切な権利です。

自分の人権をしっかり守るには、どんなやり方があるでしょう。体を鍛（きた）える？ 自分の身を自分で守るという考えは、確かに正しいです。ただしそれは、相手も生身の場合。

相手が国家権力になれば難しいです。国家権力は、私たちを法や暴力（軍隊や警察）などの「強制力」で抑（おさ）え込みます。これに対抗できる個になるべく体を鍛えるなら、それこそアニメや漫画（まんが）に出てくるような完全無欠の超人（ちょうじん）にでもなるしかありません。

現実的に、人権保障をより完璧に近づけるには、政治に参加するしかありません。つまり、自分が国会議員や大臣になることで、自ら権力の側に立って、自分たちのために正しく強制力を使うのです。あるいは議員にならないまでも、自分の利益を代弁してくれそうな、自分と考え方の似た立候補者に投票するだけでもいいです。これでも同様の成果を期待することができます。

いずれにしても、参政権を行使することが、国民主権や民主主義を実質化するためにはとても大事であることがわかるのです。

ちなみに日本の参政権は、**被選挙権**（立候補の権利）が与（あた）えられているのは**参議院議員と都道府県知事だけは満30歳以上の日本国民**で、ほかはすべて満25歳以上の日本国民です。そして**選挙権**が与えられているのは、従来は「満20歳以上の日本国民」でしたが、**2016年から「満18歳以上の日本国民」**になりました。選挙の当日に投票に行けない人のための期日前投票や、病気で入院しても投票できる不在者投票制度といったさまざまな投票制度があり、選挙を通して政治に参加できます。

[さまざまな投票制度]

期日前投票制度	仕事や旅行、レジャー、冠婚葬祭（かんこんそうさい）などの理由で当日に投票できない場合は、選挙期日前に投票できる。
不在者投票制度	出張（しゅっちょう）・旅行などで名簿登録地（めいぼとうろくち）以外の市町村に滞在（たいざい）している場合は滞在先で、病院や高齢者福祉施設（こうれいしゃふくししせつ）に入院・入所の場合はその施設内で投票できる。
在外選挙制度	外国に住んでいても日本の国政選挙に投票できる。

冤罪と刑事補償

1948年の「免田事件」で、免田栄さんは強盗殺人罪で起訴され、死刑判決が確定しました。

しかし免田さんは、警察による拷問や自白の強要があったとして、獄中から無実を訴え続けます。そしてついに再審請求が通って裁判がやり直され、免田さんは1983年、晴れて逆転無罪の判決を勝ち取りました。

その後免田さんは刑事補償法に基づき、「1日の身柄拘束約7233円×31年7か月≒9071万円」を受け取りました。しかし、23～57歳までを獄中で、しかも死刑囚という極限状態で過ごしたことを考えると、かなり安い金額に思えてしまいます。

2）請求権とは、国に対して一定の行いを要求する権利

参政権とは別に、国に対して一定の行いを要求する権利もあります。請求権です。

請求権は4つあって、参政権と違い年齢不問です。それどころかすべての条文が「何人も」からはじまっていますので、**日本国民以外にも与えられている**と解釈できます。

その内容は、**請願権（第16条）、裁判を受ける権利（第32条）、国家賠償請求権（第17条）、刑事補償請求権（第40条）**の4つです。そのうち、裁判を受ける権利はその言葉通りとして、あとの3つを見てみましょう。

まず請願権は**国や地方に苦情や希望を願い出る権利**です。ただしこれは「願い出る」だけで、その後、国や地方に解決・実現する義務があるわけではありません。

次に**国家賠償請求権**ですが、これは**公務員の不法行為に対し、損害賠償を請求する権利**です。いわゆる「国賠訴訟」ですが、個人vs国家の裁判は情報量やかけられる費用・時間の点で圧倒的に国が有利なため、勝訴率はきわめて低いです。

最後に**刑事補償請求権**。これはいわゆる**冤罪への償い**です。無実の罪で長い年月拘束されたのに、無罪判決後に「ゴメンゴメン」で済ませるわけにはいきません。きちんとお金で償ってもらいましょう。

コレだけはおさえておこう！

・被選挙権は、参議院議員と都道府県知事は満 ① 以上、それ以外は満 ② 以上に与えられる。

・公務員の不法行為に対し、損害賠償を請求できる権利を ③ という。

答え　①30歳　②25歳　③国家賠償請求権

18 人権は「無制限」には尊重できない!?
——公共の福祉と国民の義務

ここが大切！

① 基本的人権は、「公共の福祉」のために制限されることがある
② 国民の三大義務＝教育の義務、勤労の義務、納税の義務

1 基本的人権は、「公共の福祉」のために制限されることがある

人権保障はとても大切です。憲法第11条と第97条では、基本的人権を「侵すことのできない永久の権利」と規定し、国政上「最大限尊重」することになっています。

でも多くの人は勘違いしていますが、「最大限」と「無制限」は違います。政府はあなたの人権を「できる限り」守ってはくれますが「全面的に」守ってくれるわけではないのです。つまり場合によっては、人権は制限されることもあるのです。

ではどんなとき、人権は制限されるのでしょうか?

2つ考えられます。まず1つは誰かの人権を守るために、別の誰かの人権を侵害しないといけない場合です。例えば休み時間の校庭で、野球好きの生徒たちとサッカー好きの生徒たちが口論していたとします。「ここは野球をやるスペースだぞ。よくも俺たちの幸福追求権を侵害したな。憲法第13条違反だぞ! 返せ!」しかしそうは言っても、サッカー派にも野球派と同様に基本的人権があり、同じように校庭でサッカーをする権利があるのです。

そしてもう1つは、**個人の利益と社会全体の利益を天秤にかけた場合**です。例えば、将来あなたが海辺に家を建てたとします。この家に住むことは、憲法第29条で保障された**財産権**の行使。政府は最大限尊重しないといけません。ところが目の前の海から、いきな

[公共の福祉により制限される人権]

制限される権利	内　容
表現の自由の制限	・他人の私生活の暴露の禁止（プライバシー侵害） ・他人の名誉を傷つける行為の禁止（刑法） ・選挙運動の制限（公職選挙法） ・わいせつ文書配布の禁止（刑法）
集会・結社の制限	・デモに対する規制（公安条例）
私有財産の制限	・空港や道路建設のために補償のもとに土地収用（土地収用法） ・住宅やビルの建築制限（建築基準法）
居住・移転の制限	・感染症患者の隔離（感染症法）
経済活動の制限	・企業の価格協定の禁止（独占禁止法） ・医師や弁護士など資格が必要

病気だけど学校に行きたい！

公共の福祉
↓
調整

感染症の人が人の多いところに来るのは困る…

人権 → 衝突・矛盾 ← 人権

ダムの底に沈む村

四国のど真ん中にある早明浦ダムは、四国が水不足になると徐々に水位が下がり、あるラインを超えると突如、水の中から古代の遺跡のように3階建ての建物が現れます。

これは、高知県旧大川村役場の屋根です。ダム建設で立ち退きを命じられ「公共の福祉」の犠牲となった、いわゆる「ダムの底に沈んだ村」です。大川村は消滅こそ免れたものの村の中心部が水没し、4000人以上いた村人は、約400人にまで減っています。

この建物が出てくるたびに、四国の人々は給水制限に備えつつ、少し胸が痛みます。でも慢性的な水不足の四国にとって、早明浦ダムは必要不可欠。うーん難しい……。

り潜水艦が出現しました。どうやら外国製です。もしかしたら、戦争になるかも……!? こうなると、残念ながら**あなた個人の海辺に住む権利よりも「国や社会全体の利益」のほうが大事**になるため、あなたは強制的に移住させられることになるかもしれません。つまり「1人の財産権より1億人の生存権」です。憲法第29条にも「**私有財産は、正当な補償の下に、これを公共のために用ひることができる**」と書いています。つまり私たちの私有財産は、**正当な補償さえあれば、国が取り上げることになってもかまわない**のです。

このように国家は、**個人の利益と利益のぶつかり合い、権利と権利のぶつかり合いなどを調整**し、最終的にはそれらの果てに実現する「**社会全体の利益**」を目指します。この考え方を**公共の福祉**といいます。結局、あなたの夢のマイホームは、社会全体の利益の犠牲となり、国に取り壊され自衛隊の最前線基地にされてしまうのです。

2) 国民の三大義務＝教育の義務、勤労の義務、納税の義務

「国民の三大義務」について見てみましょう。まずは**教育の義務**（第26条）。これはP47でもふれたように、**子どもに普通教育を"受けさせる"義務**、つまり保護者の義務です。

続いて**勤労の義務**（第27条）。これは「権利であると同時に義務」ですが、罰則はないです。だから「働いていない者は強制労働」などということはありません。

最後に**納税の義務**（第30条）。これも無条件の義務ではなく、所得のある人への義務で、不公平がないように配慮されています。

コレだけはおさえておこう！

・憲法第11条と第97条では、我々の基本的人権は [①] と規定されている。

・人権相互の調整を図るために、社会全体の利益を優先するという考え方を [②] という。

PART 2 ▶ 個人の尊重と日本国憲法

19 憲法に載っていない人権がある？
──新しい人権①

ここが大切！

① 社会環境の変化から新しい人権が登場した

② 知る権利やアクセス権、環境権などがある

1 社会環境の変化から新しい人権が登場した

人権の中には、**憲法に載っていないもの**もあります。いわゆる**新しい人権**です。なぜそんなものがあるのでしょう？ それは単純に、現在の**憲法が古くなりすぎている**からです。

日本国憲法が施行されたのは、1947年、昭和22年です。つまり、70年以上前。なんと私たちは、70年以上も前につくられた基本ルールの下に生活していたのです。

70年以上も経てば、社会環境も人々の権利意識も変わってきます。

例えばプライバシー。当時はプライバシーに無頓着な人が多く、それを権利と考える人は少なかったのです。しかし今は、誰もがプライバシーを侵害されたらムカッとします。つまり、権利意識が芽生えているのです。

[『宴のあと』訴訟とプライバシーの権利]

1961年、三島由紀夫の小説『宴のあと』の主人公のモデルとされた男性が、私生活を暴露するような描写がプライバシーの侵害にあたるとして、三島と出版社に対して謝罪広告と損害賠償を請求した。

プライバシーの侵害だ！

損害賠償などを求め提訴

表現の自由だ！

モデルとされた男性

出版社、三島由紀夫氏

➡ 裁判所はプライバシーの権利を「私生活をみだりに公開されない権利」とし、プライバシーの侵害を認めた。

しかし日本国憲法には「プライバシーの権利は、これを保障する」とは一言も書いていません。こういうことが出てくると、やはり憲法改正問題は、全国民レベルで真剣に議論すべき時期に来ているといえるでしょう。世間には「改憲問題＝第9条の問題」としか考えない人もいますが、実はこのプライバシーの権利のように「本来は基本的人権であるはずなのに、憲法に載っていないもの」を放置することも、大きな問題なのです。

ひとことポイント！ 1947年生まれは「団塊の世代」

憲法が施行された1947年。ネットで1947年生まれの有名人を検索していたら、あまりの数の多さに驚きました。それもそのはずで、この年は「ベビーブーム元年」。いわゆる団塊の世代だったのです。

ちなみに、その世代の人々の子どもたちが生まれてきた1971～74年が第二次ベビーブーム。このころ生まれた人たちは団塊ジュニアと呼ばれます。こちらは有名人の数がもっと多いです。つまりこの世代が、今の時代の中心だということでしょう。

②知る権利やアクセス権、環境権などがある

それでは今日、どのような権利が「新しい人権」として主張されているのでしょうか。

プライバシーの権利：これは今見てきた通り、真っ先に認められるべき権利です。ちなみにこの権利は、**新しい人権の中では唯一「判例として確立」しています**。どういうことかというと、この権利を主張して、裁判で勝訴した人がいるのです。つまり、「憲法にも法律にも載っていないけど、裁判所は人権として認めています」ということです。

知る権利：これは何でもかんでも知る権利ではなく、**行政機関の保有する情報を知る権利**です。よく芸能人の不倫会見などでレポーターが「ちょっと〇〇さん、我々の知る権利に応えてくださいよ」などと言っていますが、こういうのは完全な誤用です。不倫内容は個人情報ですから、当然プライバシーの権利が優先されます。

アクセス権：私たちの側から「マスメディアに接近し、意見や反論を述べる権利」です。新聞・テレビ・ラジオ・雑誌などは情報伝達が「一方通行」なため、不快な内容を報道されても、反論の場がありません。ならば「私のことを書いたこの記事への反論文を書いたから、必ず明日の朝刊に掲載しろ」という権利も認められるべきだという主張です。

環境権：**快適で人間らしい環境を求める権利**です。

[環境権が主張される例]

✏️ コレだけはおさえておこう！

・憲法に規定されていない人権を ［ ① ］ という。

・①のうち、国や地方公共団体などに情報の公開を求める権利を ［ ② ］ という。

・快適で人間らしい環境を求める権利を ［ ③ ］ という。

20 社会の変化が生み出した「新しい人権」
——新しい人権②

❶ 自分の治療方針などを自分で決める権利＝自己決定権
❷ 自分の個人情報をコントロールする権利もプライバシー権となる

1 自分の治療方針などを自分で決める権利＝自己決定権

　憲法に規定されるべきではないかと近年注目されている権利が、**自己決定権**です。これは主に「生命倫理（りんり）」の分野で必要であると考えられています。

　近年、医療（いりょう）技術とバイオテクノロジー（生命工学）がめざましく進歩しましたが、そのせいで**治療と延命、人間の生まれ方、人間の死に方、死後（あつか）の扱いなどについて、さまざまな選択肢（せんたくし）が生まれている**のです。

　例えば「臓器移植を受ければ延命できる」「抗がん（こう）剤（ざい）治療をすれば延命できる」など、延命技術は進歩したものの、その治療には苦痛や不快感が伴（ともな）う場合もありますし、「自然に子どもができなくても、人工生殖（せいしょく）やクローンでなら可能だ」ということもあります。さらには「苦痛な治療が続くくらいなら安楽死を」という場合もあるでしょうし、「死んだ後に臓器を移植に回すべきかどうか」という考え方もありえます。

　そんなとき、患者（かんじゃ）や遺族（いぞく）に何の相談もなく、医師が勝手に臓器を取ったりくっつけたり、安楽死させたりその人のクローンを作製したりするのは絶対にダメです。必ずそこには**「治療方針に関する医師からの説明」と、それに対する「患者側の同意」が必要**となります。

　この「説明と同意」を**インフォームド・コンセント**といいます。

　昔（むかし）気質（かたぎ）の医師の中には、「患者の命を救うのは、医者の使命！」と意気込んで、患者に何の説明もないまま、がむしゃらに延命治療を施（ほどこ）す人が多かったのですが、その

[インフォームド・コンセント]

説明を受けて　　内容を理解して　　同意する

ネット上の個人情報

ネット上で自分の名前を検索するのは、怖いけどおもしろいです。そこにはいろんな怪情報が乱れ飛んでいます。

「あいつの本はおもしろい」「あいつの授業は過激だ」「あいつの本はウソ八百だ」「あいつが駅前のスーパーでお菓子を買い込んでいた」「あいつをウラジオストクで見かけた」……。

もうワイングラス片手に「どれが本物の自分やねーん!!」と叫びたくなります。

せいで苦痛な寿命が20年延びたとしても、嬉しくありません。この「**医師の善意からくる不要なおせっかい**」はパターナリズム（父権的温情主義）と呼ばれます。現代の医療では、この**パターナリズムよりも患者の「自己決定権」を尊重**するのです。

(2) 自分の個人情報をコントロールする権利もプライバシー権となる

一方、従来から主張されてきた新しい人権の中にも、時代とともにその内容が変質してきたものもあります。プライバシーの権利です。

従来のプライバシー権は**私事・私生活をみだりに公開されない権利**だけでした。しかし今日は、情報化社会、特にインターネットの発達によって、従来とは違ったプライバシー問題が頻発しています。**個人情報の流出**です。

個人情報流出がプライバシー侵害になるのなら、今日のプライバシー権は従来のものに加えて、こうである必要が出ます。「**自己の個人情報をコントロールする権利**」。つまり、うかつに相手を信用せず、自分の情報を小出しにしましょうということです。

著者の場合はこんな感じです。

相手「携帯電話の番号、教えてくださいよ」

著者「ゴメン、自分の番号の見方がよくわかんないや」

相手「じゃあメールアドレスを……」

著者「覚えてない」

相手「LINEは？」

著者「LINEって何？」

つまりおじさんであることを武器に、相手に与える情報をコントロールするのです。

コレだけはおさえておこう！

・自分の治療方針などを自分で決める権利のことを [①] という。

・医師と患者の間における「説明と同意」を [②] という。

・今日のプライバシー権は「自己の [③] をコントロールする権利」と捉えられている。

答え ①自己決定権 ②インフォームド・コンセント ③個人情報

PART **2** 個人の尊重と日本国憲法

55

21 少数意見の持ち主も みんなが主権者！
——民主主義と政治

❶ 政治には直接民主制と間接民主制がある
❷ 多数決が原則、でも少数意見も尊重しよう

1 政治には直接民主制と間接民主制がある

政治とは、社会における**さまざまな意見や対立を調整する過程**のことです。特に私たちの暮らす日本のような国民主権の国家では、みんなでの**話し合い**と**ルール設定**が政治の基本となります。

政治におけるルール設定とは、法律や条例をつくることを意味します。話し合いについては、まず真っ先に頭に浮かぶのは、**全員で直接話し合う**というやり方です。この全員参加の政治の形を**直接民主制**といいます。

[国会の採決の様子]

「そんなに面倒くさいこと、やってる暇ないよ。こっちは忙しいんだ」——そういう方もいらっしゃるでしょう。気持ちはわかります。しかし、話し合いもせず、法律の制定を誰か1人に丸投げするのは危険です。

例えば、クラスのある生徒1人に、よってたかって法制定を押しつけたとします。「法律なんてつくるの面倒くさいからさ、うちのクラスの法律、全部つくっておいてもらえる？」すると、押しつけられた生徒はまず間違いなく「自分だけ宿題が免除される法律」だの「自分だけ他人の給食を奪える法律」をつくり、自分にだけ都合のいいクラスをつくりあげます。法律は、有無を言わさず私たちを従わせるおっかない強制力ですから、誰か1人に丸投げしてつくらせるなんて、絶対にダメです。**法制定という統治の権限を個人に与えるのは、暴君を製造するのと一緒**です。

しかしだからといって、全員参加の政治が実現できるかと問われれば、これはとても難しいです。意思決定というものは、人数が多くなったりテーマが複雑になったりしたら、たちまち困難になりますから。

ではどうすればいいか？——答えは「**選挙で国民が自分の考えに近い人を代表者として**

ひとこと ポイント!

直接民主制が実現した社会

全員参加の政治である直接民主制は、大きな単位で実現させるのは難しいですが、小さな単位ならば可能です。かつて、古代ギリシャの都市国家（ポリス）でも実現しましたし、アメリカ開拓時代のタウンミーティング

も直接民主制でした。

しかし、日本ぐらい規模が大きくなると、難しいです。まず場所が確保できません。物理的には、日本の人口1億2557万人（2020年時点）は、頑張れば淡路島に全員収まるらしいですが、満員電車状態の淡路島で、政治なんかやってられません。

選び、その人たちに話し合いとルール設定をお願いすればいい」のです。この選挙で代表者を選び、政治を代行してもらうやり方を**間接民主制**といいます。

この間接民主制が行われる場所が「議会」です。つまり国会や地方議会は、私たちが熟慮して選んだ代表者たちが、私たちの意見を代弁するべく討論を重ね、最終的に法律や条例にまとめるための機関なのです。

[直接民主制と間接民主制]

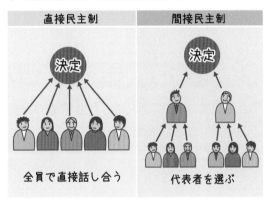

② 多数決が原則、でも少数意見も尊重しよう

討論をまとめる際の**基本原則**が「**多数決の原理**」です。あたり前ですが、どんな討論でも全員の意見が一致することは少なく、多くの場合、意見は分かれます。そういうときは、「より多くの国民の幸福を増大」させることが、民主政治の使命です。そのため、多数決を基本原則としなければなりません。

しかし、それだけではダメです。それですべて割り切ってしまうと、少数意見が死にます。これは完全に「多数決の暴力」であり、常に多数派の意見ばかりで政治を進めていくと、文化は多様性を失います。それに、少数意見の持ち主だって「主権者」です。ならばそれもできる限り尊重しないといけませんね。

✎ コレだけはおさえておこう！

・全員が参加する政治のスタイルを〔　①　〕という。

・選挙で代表者を選出する政治のスタイルを〔　②　〕という。

・民主政治で討論をまとめる際の基本原則は〔　③　〕の原理である。

答え　①直接民主制　②間接民主制　③多数決

22 お金がなくても選挙権を持っている！
——選挙のしくみ①

ここが大切！

❶ かつては選挙権に財産と性別の制限があった
❷ 選挙制度は小選挙区制、大選挙区制、比例代表制の３種類

1 かつては選挙権に財産と性別の制限があった

「ご通行中のみなさん、〇〇〇夫、〇〇〇夫でございます。〇〇〇夫が帰ってまいりました。〇〇〇夫をよろしくお願いいたします！」

選挙が近づくと、こういった声を張り上げる選挙カーが１日に何度も道路を走っていきます。みなさんもきっと聞いたことがあるでしょう。人通

[選挙権の歴史]

制限選挙（男子）			男子普通選挙	完全普通選挙	
明治 22 年 (1889)	明治 33 年 (1900)	大正 8 年 (1919)	大正 14 年 (1925)	昭和 20 年 (1945)	平成 27 年 (2015)
・25 歳以上の男子 ・直接国税 15 円以上	・25 歳以上の男子 ・直接国税 10 円以上	・25 歳以上の男子 ・直接国税 3 円以上	25 歳以上の男子	20 歳以上の男女	18 歳以上の男女

公布年／選挙権の制限

りの多い駅前に行けば、候補者や応援者が市民に向けて演説をしていたり、集まった人々と直接握手をしたりしている場面も見られます。

ここまでどぶ板選挙（路地裏に入り込んで握手を求める類の地域密着型選挙）が定着したということは、**選挙権が拡大した証拠**です。なぜなら、第1回衆院選が行われた1890年の選挙権は「**直接国税を15円以上納める、満25歳以上の男子**」にしかありませんでした。このような**財産などによる選挙権の制限**を「**制限選挙**」といいます。つまり当時は、路地裏とは無縁の、かなりの金持ちにしか選挙権がなかったのです。

制限選挙はその後、「直接国税10円以上（1900年）→直接国税３円以上（1919年）」とハードルを下げ、ついに1925年からは「満25歳以上の男子（1925年）→満20歳以上の男女（1945年）→満18歳以上の男女（2015年）」と、**普通選挙**への道を歩んできたのです。

「直接国税15円以上」とはどんな人？

1890年の第1回衆院選は、選挙権が「直接国税を15円以上納める満25歳以上の男子」とされている、いわゆる制限選挙でした。これがどのくらいのお金持ちかは、現在と単純比較はできませんが、「人口の1.1パーセント」ということからある程度推測はできます。

現在の日本の給与所得者（サラリーマン）と申告納税者（サラリーマンでない、自分で税務申告している人）を合わせた上位1パーセントの所得は「年収約1800万円以上」です。

そんな有権者しかいないなら、庶民の代表の議員なんか選ばれるわけないですね。

② 選挙制度は小選挙区制、大選挙区制、比例代表制の3種類

選挙制度には大きく分けて、小選挙区制と大選挙区制、それに比例代表制の3つがあります。

小選挙区制は選挙区が狭いかわりに「1区1名のみ当選」、**大選挙区制**は選挙区が広いため「1区2名以上当選」です。

比例代表制は、**ドント式**と呼ばれる方法で、**各政党の得票数に応じた比例配分で、議席を割り振ります。**ちなみに衆議院の比例代表は「政党名のみ」での投票ですが、参議院は「政党名か候補者名」のどちらかで投票します。

現在の日本の選挙制度は、衆議院議員が「**小選挙区比例代表並立制**」（重複立候補OK）、参議院議員が「比例代表制と選挙区制」（重複立候補NG）となっています。

[選挙のしくみ]

✏️ コレだけはおさえておこう！

・現在の日本で選挙権が与えられる男女の年齢は [①] 以上である。

・日本の衆議院議員の選挙制度は [②] である。

・比例代表制では [③] と呼ばれる方法で計算して議席が配分される。

答え ①満18歳　②小選挙区比例代表並立制　③ドント式

23 連呼に電話に戸別訪問。いったいどれが選挙違反!?
──選挙のしくみ②

ここが大切!

❶ 選挙のルールは公職選挙法に規定されている

❷ 一票の格差や外国人参政権の問題がある

1 選挙のルールは公職選挙法に規定されている

　日本の選挙のルールは、すべて**公職選挙法**に規定されています。この法律を読めば、日本の選挙のルールをすべて把握（はあく）できます。ただ、とても細かいです。そのうえよくわからない部分が随所（ずいしょ）にあって、読む者を混乱させます。

　例えば「どのような名目であっても飲食物の提供は認められない」（第139条）とあるのに、そのすぐ後に「湯茶とこれに通常用いられる程度の菓子（かし）は提供できる」（同）とあります。しかもその湯茶も、お茶はいいけどコーヒー・紅茶はダメ。さらにはお茶も、ペットボトルのまま出すのはダメで、紙コップに移し替（か）えればOK。さらにお茶菓子は、せんべい・まんじゅう・みかん・漬物（つけもの）はOK、サンドイッチはダメ。なのになぜか香川ではうどんもお茶菓子だからOKと、もうメチャクチャです。

[公職選挙法の例]

選挙の投票をお願いする戸別訪問はNG
（街角ではOK）。

×
〇〇さんへ投票をお願いします！

〇
〇〇さんへ投票をお願いします！

電話での投票依頼はOK
（FAX、メール、手紙はNG）。

×
〇〇さんへ投票よろしく

〇
〇〇さんへ投票をよろしく！

　ただこの法律、「選挙違反（いはん）には**連座制**（れんざせい）（運動員の選挙違反で候補者の当選も無効）を適用する」「**投票日に仕事や用事がある人は期日前投票を行える**」など、まともな箇所（かしょ）は当然まともです。ただし油断すると、「電話での選挙運動はOKだがFAXではダメ」「戸別訪問はダメだが街角での投票依頼（いらい）はOK」などと、すぐまた基準がよくわからないことになります。

2 一票の格差や外国人参政権の問題がある

　今日の選挙が抱（かか）える問題点を見てみましょう。

選挙とインターネット

インターネットによる選挙運動が認められたことによって、議員がTwitterなどのソーシャルメディアで街頭演説の予定を投稿するといった活用が行われています。インターネットによる選挙運動が解禁された2013年7月の参議院議員選挙では、投票率が上がることが期待されましたが、戦後3番目の低さで

した。

候補者や政党の政策を知るための選択肢が増えたというメリットがある一方で、候補者が相手陣営を誹謗中傷するなどのデメリットも生じていますので、どのように活用されるか、今後の課題となっています。なお、有権者が電子メールを使用して選挙運動を行うこと、満18歳未満の人が選挙運動をすることは禁止されています。

まず**一票の格差**の問題。これは**都市部と地方で一票の重みに差があり、当選しにくい都市部が不利**だという問題です。従来はかなり許容範囲も広かったのですが、**近年厳しい最高裁判決が連続し、その是正のため、衆議院議員の定数がどんどん減る**（480名〈2000年〉→475名〈2014年〉→465名〈2017年〉）事態にまで発展しています。

次に外国人参政権の問題。今の日本では、外国人参政権は、**国・地方とも一切認められていません**。世界の状況はというと、「地方参政権のみ認める」や「永住外国人にのみ認める」「旧植民地には認める」「EUの仲間だから認める」など"外国人にも一部なら参政権を認める"という国はあっても、**外国人参政権を無条件かつ全面的に認めている国はゼロ**です。

最後に、**2013年よりインターネットでの選挙運動が認められました**。これで若者の選挙への関心が高まる半面、高齢者が対応できないとの問題が指摘されています。ちなみに、**インターネット投票はダメ**。なりすましや不正投票の心配が絶えませんからね。

[ネット上の選挙運動でできること、できないこと]

コレだけはおさえておこう！

・運動員の選挙違反で候補者の当選も無効になる制度を　①　という。

・衆議院議員の定数は2017年の是正で　②　になった。

・　③　は現在、国・地方とも一切認められていない。

答え　①連座制　②465名　③外国人参政権

24 「政治にカネがかかる」は事実！
——政治と政党

❶ 政党は政策実現のために政権獲得を目指している

❷ 政治献金には法律でルールが定められている

1) 政党は政策実現のために政権獲得を目指している

政党とは、「①共通の主義主張を持つ者が集まり、②有権者からの支持を背景に、③政権の獲得を目指す社会集団」です。政党にとって最も大事なことは「共通の主義主張」を政策的に実現することです。そのためには「有権者から支持」され、「政権獲得（＝国会で与党〈過半数政党〉になること）」をしなければなりません。なぜなら与党にならなければ、自分たちの政策実現に必要な法律案を国会で可決させられないからです。

[政党ごとに主義主張が異なる]

教育が第一！　平和党

働く人を幸せに！　幸福党

　それでは、国会でなかなか過半数を超えられない政党（野党＝政権を担当しない政党）は、いつまでも政権を獲得できないのでしょうか？ いえいえ、実は、野党でも政権獲得はできます。他党と「連立政権」を組めばいいのです。連立さえ組めば、実現したい政策のすべては無理でも、いくつかは実現できます。とにかく政党である以上、政権獲得を諦めてはダメです。諦めたらそこで試合終了です。

　しかし実際には、“試合終了政党”も存在します。政治の世界を見ていると、連立への妥協点も探らないまま、居直るように自ら野党宣言し、説得力ある対案も示さず、ただただ与党に難癖つけるだけの政党も見受けられるのです。野党宣言しているということは、彼らのつくる法案は100パーセント通りません。そんな前提で法案をつくるなんて、政策立案とはいえませんよね。こうなると、有権者にとって応援メリットはゼロです。

　ここまでは政党にとって政権獲得がいかに大切かを語ってきましたが、なんと世の中には、政権獲得を目指すことなく、うまく立ち回って自己の利益を実現できている社会集団

ひとこと ポイント！

政治にはカネがかかるって本当!?

悪い政治家のいいそうなセリフに「政治にはカネがかかるんだ！」というものがありますが、果たして事実でしょうか？

これは事実です。国民のためにいい法案を作成するには、優秀なスタッフ・多くの本・

海外視察などが必要となり、これらはすべてお金がかかります。これを民主主義のコストといいます。この事実を無視して「カネのかからない政治」にこだわりすぎる政治家は、ひょっとするとお粗末な法案作成のいいわけを準備しているのかもしれませんね。

もあります。**圧力団体**です。秘密結社めいた呼称ですが、農業団体や経済団体、労働組合団体などの、ごく普通の組織です。彼らは選挙での集票や政治献金でふだんは政党に協力しますが、いざとなったらそれらを圧力手段に変えてきます。つまり「**俺たちの利益を実現しないと、選挙協力しないぞ（または政治献金を止めるぞ）**」という揺さぶりです。

確かにこれなら、政権獲得は不要ですね。しかしこれがまかり通ると、結局政治は「選挙とカネ」、究極的にはカネ次第ということになってしまいます。

② 政治献金には法律でルールが定められている

そこでつくられている法律が、政治資金規正法です。この法律により、**政治献金には上限や禁止事項が設定**され、さらには「**誰からいくらもらった**」**かを公表する義務**が発生します。さらには**政党助成法**で、各政党あてに**税金**から「**政党交付金**」というお金が**支給**され、政治献金が入らなくても政党が資金難に陥らない工夫がなされているのです。

[**政党・政治団体への寄附の流れ**]

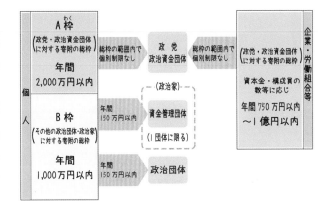

✏ コレだけはおさえておこう！

・国会で政権を担当する政党を 　①　 、政権を担当しない政党を 　②　 という。

・複数の政党で組織される内閣による政権を 　③　 という。

・政党の活動資金を税金でサポートする法律を 　④　 という。

答え ①与党　②野党　③連立政権　④政党助成法

63

25 あなたの主張、偏ってない？
——マスメディアと世論

1 マスメディアには中立・公平な報道姿勢が求められる

世論とは**世間の大多数の人の意見**のことです。読み方は「よろん」。なぜならもともと「輿論」と書かれたものが、戦後の漢字制限で「輿」が当用漢字から外され、「世論」になっただけですから。ちなみに、輿の読みは「よ」、意味は「輿い（多い）」です。

ただし、世論が「多数派の意見」とはいえ、そのもとは国民一人ひとりの意見です。そしてその意見は、新聞やテレビなどのマスメディアから与えられる情報から形成されていきます。ということは、**マスメディアの報道姿勢は「中立・公平」であることが求められます**。報道が「偏りのない、事実を正確に伝える内容」だからこそ、正しい意見が形成され、健全な世論が形成されていくからです。

しかしながら中立・公平は、あくまで**私たちがマスメディアに社会的役割として期待するものであって、義務ではありません**。マスメディアにも「報道の自由」はありますし、企業ですからお金も稼がなくてはいけません。そうすると、自分たち好みの報道や大衆ウケのいい報道などに流れ、中立・公平が保てなくなる場合もあります。

[2013年12月7日の新聞の1面]

	読売新聞	朝日新聞	毎日新聞	産経新聞
大見出し	秘密保護法 成立	秘密保護法が成立	秘密保護法成立 与党強行	秘密保護法 成立
中見出し	自公賛成 み・維は退席	採決 自公のみ賛成	「知る権利」危機	深夜の採決、みんな 造反
小見出し	防衛・外交 機密情報を保全	参院本会議 欠陥残したまま	野党「国会無視」と 批判	森担当相 「懸念、丁寧に説明」

▶同じ日の新聞で同じできごとを報道していたとしても、新聞社のスタンスによって見出しの表現などが異なり、読者に与える印象が変わる

ひとことポイント！ 保守・革新・リベラルって何？

保守とは「現状の思想や制度を守る立場」のことで、「日本の保守派」などという場合、資本主義で伝統重視、愛国心の強い態度などを指します。革新は「現状を変革しようとする立場」のことで、「日本の革新政党」といえば、共産党や社民党など、社会主義や社会民主主義（社会主義的な福祉国家路線）をとる政党を指します。

そしてリベラルとは、「個人の自由を守るためには、何だかんだ国家の介入も必要」というスタンスのことで、アメリカの現大統領バイデンの民主党のように、あくまで資本主義の中で、社会保障や福祉の充実した福祉国家路線をとることを指します。

2) 情報を正しく読み解くメディアリテラシーが大切

各社の主張や姿勢が違えば、一人ひとりが正しい意見を形成する際の障害になるだけではありません。マスメディアやそれを利用しようとする政治権力により「世論操作」をされてしまう可能性もあります。もしそうなってしまったら、健全な世論形成ができないどころか、国民世論がおかしな方向に誘導される危険すらあります。

そのため今日は、情報の受け手には**メディアリテラシー**が求められます。これは**メディアの与える情報を批判的に読み解く能力**のことで、これを身につけ、他者との話し合いも交えて検討すれば、情報の正しい取捨選択ができ、健全な世論形成ができるのです。

[世論調査の結果にはばらつきが出ることもある]

憲法第9条改正に関する各社の世論調査 (2017年5月)

読売 (12〜14日)	首相は憲法第9条について戦争放棄や戦力を持たないことなどを定めた条文を変えずに自衛隊の存在を明記する条文を追加したい考え。この考えに賛成か反対か
	賛成53%　反対35%
NHK (12〜14日)	首相は憲法第9条の1項と2項を維持した上で自衛隊の存在を明記することを挙げた。憲法第9条に自衛隊の存在を明記することに賛成か反対か、どちらとも言えないか
	賛成32%　反対20%　どちらとも言えない41%
産経・FNN (13、14日)	首相は戦争放棄や戦力を持たないことなどを定めた条文を維持した上で、自衛隊についての条文を追加することを提案した。憲法第9条を維持した上で自衛隊の存在を憲法に明記することに賛成か、反対か
	賛成55.4%　反対36.0%
朝日 (13、14日)	首相は憲法第9条について戦争放棄や戦力を持たないことを定めた項目はそのままにし、自衛隊の存在を明記する項目の追加を提案した。このような憲法第9条の改正をする必要があるか、必要はないか
	必要がある41%　必要はない44%
毎日 (20、21日)	首相は憲法第9条の1項と2項はそのままにし、自衛隊の存在を明記する改正案に言及した。この案に賛成か反対か
	賛成28%　反対31%　わからない32%
共同 (20、21日)	憲法を改正して第9条に自衛隊を明記する必要があるか
	必要がある56.0%　必要ではない34.1%　わからない9.9%
日経・テレビ東京 (25〜28日)	首相は憲法第9条について戦争放棄や戦力の不保持を定めたいまの条文は変えずに、自衛隊の存在を明記する条文を追加したい意向を示した。この条文の追加に賛成か反対か
	賛成51%　反対36%　どちらとも言えない4%

コレだけはおさえておこう！

・世間の大多数の人の意見を　①　という。

・マスメディアが社会的に求められるのは　②　な報道姿勢である。

・メディアの情報を批判的に読み解く能力を　③　という。

答え　①世論　②中立・公平　③メディアリテラシー

26 国会議員が何をする人かわかりますか？
——国会①

ここが大切！

❶ 国会は国の唯一の立法機関
❷ 国会には常会、臨時会、特別会、参議院の緊急集会がある

1 国会は国の唯一の立法機関

憲法第41条には「**国会は、国権の最高機関であって、国の唯一の立法機関である**」と規定されています。つまり国会は、選挙で選ばれた主権者の代表が集まる重要な機関であり、法律を制定できるたった1つの機関なのです。

政治が「社会における意見や対立の調整」である以上、その基本は「話し合い」と「ルール設定」です。国会はその両方を実現できる場なのです。

[衆議院と参議院の比較]

	衆議院	参議院
議員定数	465人	245人
任期	4年	6年（3年ごとに半数改選）
選挙権	満18歳以上	満18歳以上
被選挙権	満25歳以上	満30歳以上
選挙区	小選挙区 289人	選挙区 147人
	比例代表 176人	比例代表 98人
解散	ある	ない

勘違いしてはいけないのですが、国会議員は選挙の過程でいかに地元や支援団体の支持を受けているとはいえ、憲法上の建前は「全国民の代表」（第43条）です。だから**地元民のために働くことはもちろん、大局的には日本全体のことを考えて行動するのが、真の国会議員の姿**といえるのです。

さらに国会議員には、常に国民利益の増進に寄与できるよう、3つの特権が与えられています。1つ目は**不逮捕特権**。国会議員は国会が開かれている会期中のみ、例外的なケースを除き逮捕されません。なぜなら会期中は、個人的な罪の償いより、全国民のために働くほうが、国民の利益にかなうからです。2つ目は**免責特権**。国会議員は**国会内での発言であれば、民事や刑事などの法的責任を問われることはありません**。なぜならいちいち責任追及されたら大事な大事な「話し合い」が萎縮し、それが国民の不利益になるからです。さらには**歳費給付特権**。これは所得保障です。国会議員の年収は約2200万円で「もらいすぎだ！」と批判されることもありますが、十分な所得保障があるからこそ国会の仕事に没頭でき、それが国民利益の増進につながるのです。

不逮捕特権の現実

「不逮捕特権があるなんて、国会議員はずるいなあ」と思いませんでしたか？ しかし実際には、不逮捕特権はほとんど使えません。

実は不逮捕特権は「国家権力による不当逮捕から、国民の代表を守る」ためのものです。そのため、昔と違って不当逮捕のない今日、捕まる議員のほとんどは犯罪容疑者です。そして国会議員は、犯罪容疑者をかばいません。そんなことをしたら自分のイメージダウンにつながり、次の選挙で落選します。そういうときは国会に「逮捕許諾請求」が出され、瞬時に可決されます。つまり「あいつを逮捕しといてくれ」ってことですね。冷たいもんです。

② 国会には常会、臨時会、特別会、参議院の緊急集会がある

常会（通常国会）は、毎年1月に召集される最も基本的な国会です。この国会は4月1日の新会計年度初日までに予算を議決しますが、それ以外にも150日間の会期の中で、さまざまな法案が審議・議決されます。

それ以外にも国会には、必要に応じて召集される臨時会（臨時国会）、衆議院の解散総選挙後30日以内に召集される特別会（特別国会）、衆議院解散中緊急の必要があるときに参議院だけで開かれる緊急集会などがあります。

最後に、衆議院の優越について説明しましょう。左ページの図のとおり、衆議院と参議院のうち、任期が短く解散もあるのが衆議院です。ということは、衆議院のほうが選挙の回数が多く、国民の審判にさらされる機会が多いため、民意をより反映している院と判断できます。そのため、議決そのほかの面で、さまざまな優越が認められています。

[国会の種類]

種類	召集
常会（通常国会）	年1回、1月に召集（会期は150日間）
臨時会（臨時国会）	内閣または、いずれかの議院の総議員の4分の1以上の要求がある場合
特別会（特別国会）	衆議院解散後の総選挙の日から30日以内
参議院の緊急集会	衆議院解散中に、緊急の必要がある場合

[衆議院の優越]

優越事項	内容	結果
法律案の議決	・衆議院で可決、参議院で否決 →衆議院で出席議員の3分の2以上の多数で再可決	法律となる
予算の議決 条約の承認	・参議院が衆議院と異なる議決 →両院協議会でも不一致 ・参議院が、衆議院の可決した議案を受け取ったのち、30日以内に議決しない場合	衆議院の議決が国会の議決となる
内閣総理大臣の指名	・参議院が衆議院と異なる議決 →両院協議会でも不一致 ・衆議院の指名後、10日以内に参議院が議決しない場合	
予算の先議	・予算は衆議院が先に審議する	
内閣不信任の決議	・内閣不信任決議は衆議院だけができる	

✏️ コレだけはおさえておこう！

・憲法第41条には「国会は国権の [①] であって、国の唯一の [②] である」と規定されている。

・常会は毎年 [③] に召集され、会期は [④] 、おもな議題は [⑤] の議決である。

答え　①最高機関　②立法機関　③1月　④150日間　⑤予算

27 ヤジ、バンザイ、審議拒否……国会の仕事って？

——国会②

ここが大切！

❶ 法律案は本会議の前にそれぞれの委員会で審議される

❷ 国会の活性化のために導入された党首討論

1 法律案は本会議の前にそれぞれの委員会で審議される

　国会が立法府である以上、いちばん大事な仕事は**法律の制定**です。

　日本の国会はアメリカ同様**委員会中心主義**をとっているため、衆参いずれかの院に提出された**法律案は、まず委員会審議にかけられ**、そこで細かい内容を詰めます。そしてその後、全議員が参加する**本会議**にかけられ、再び審議。最後にそこで過半数が賛成すれば、法律案は可決されます。

　次にやるべき仕事は**予算の審議・議決**です。予算案は内閣が作成し、必ずまず衆議院に送られます。そしてその後は「予算委員会での審議→本会議での審議・議決」と法律案と同じ手順を踏みますが、この予算委員会は非常に盛り上がります。その理由は ひとことポイント！ をご覧ください。

[法律ができるまでの流れ]

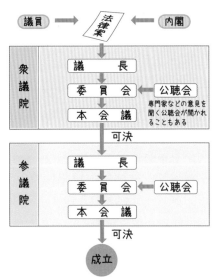

※参議院が先に審議する場合もある。

　3つ目の仕事は**内閣総理大臣の指名**です。国会は、国会議員の中から総理を指名しますが、この場が盛り上がることはほぼありません。なぜなら与党が自党の党首を総理大臣候補に指名し、そのまま数の力で議決を押し切るだけだからです。この場が盛り上がるとすれば、衆議院で与党が過半数の議席を持っているが、参議院では野党が過半数の議席を持っている**ねじれ国会**のときぐらいです。そのときだけは参議院で野党側の党首が総理大臣候補に指名されるので、通常ならありえない状況になります。しかしそれも、衆議院の優越に基づき、瞬時につぶされます。

　そのほかにも国会の仕事として、**条約の承認**や**国政調査権**の行使などがあります。国政調査権とは憲法第62条に基づく国会の権限で、政治的な疑惑や関心事全般について調査

大盛り上がりの予算委員会

他の委員会と違って、予算委員会は非常におもしろいです。理由は「予算以外のおもしろい話ばかりしている」からです。

新年度の予算は、4月1日に間に合わないと、内閣の責任問題に発展します。しかし野党は、それがわかっているからこそ、あえてこんな言い方をします。「我々は予算審議に入る前に、まずこの疑惑やあの疑惑についてみなさんと話し合いたい。それが済まない限り、予算審議に応じる気にはなれませんな」。こういうやり方を「予算を人質にとる」といいます。やってくれますね、野党。

できます。

国政調査権のクライマックスは**証人喚問**です。これは疑惑の関係者を証人として呼び、「嘘の証言をすれば実刑！」と逃げ道を塞いだうえで、議員たちが証人を追い込んでいくという場です。ところが証人は「記憶にございません」という魔法の言葉を何度も発してひらりひらりと身をかわし、結局何も解決しないまま終了します。

②国会の活性化のために導入された党首討論

1999年、国会をもっと活性化させようとの趣旨から、**大々的な国会改革**が実施されました。その結果、政務次官（国会議員から選ばれる副大臣のようなもの）や政府委員（大臣を陰から支える黒子役の官僚）が廃止され、**党首討論**が導入されました。

党首討論は、週1回45分間、自由なテーマで総理と野党党首が討論するという非常におもしろそうなもので、国会活性化の起爆剤となる

[党首討論の様子]

ことが期待されました。しかし党首同士のスケジュールがなかなか合わないうえに、いつの間にか「首相が45分間かわし切って終わり」という流れがお約束になってきたため、今日は盛り下がっています。週1回どころか、年2回開かれればいいほうです。

✏️ コレだけはおさえておこう！

・日本の国会は、本会議よりも ① 審議に時間をかける。

・衆議院で与党が過半数の議席を持っているが、参議院では野党が過半数の議席を持っている国会を ② という。

・国会が政治的疑惑や関心事について調査する権限を ③ という。

28 国会と内閣ってどう違うんだっけ？
——行政のしくみと内閣

ここが大切！

❶ 具体的な政策執行の指揮をとるのは内閣

❷ 内閣は国会の信任があって成り立つ

❶ 具体的な政策執行の指揮をとるのは内閣

国会で制定された**法律や予算に基づき、具体的な政策を執行**することを**行政**といいます。よく混同されますが、**国会議員は「政策を行う」ことはしません**。あくまでその前提となる「ルールづくり」（立法作業）を担当します。

行政執行は、地方公共団体ならば市役所や県庁の仕事ですが、国の場合は仕事の規模が大きくなるので行政の各部門ごとに**中央省庁**が存在し、各省庁がそれぞれの行政事務を指揮監督する司令塔として君臨します。

その中央省庁のトップにあたる役職が**国務大臣**であり、その国務大臣の集合体が**内閣**なのです。テレビのニュースで**「政府は」という言葉が使われる場合、その政府は国会ではなく内閣を指しています**。

「なんだ、国会と内閣はまったく別物なのか」と思われたかもしれませんが、実はこの両者、まったく無関係というわけではありません。それどころか内閣のメンバーは、

[国のおもな行政機関]

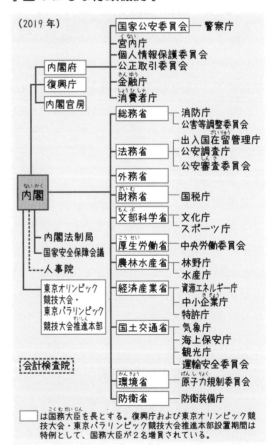

（2019年）

□は国務大臣を長とする。復興庁および東京オリンピック競技大会・東京パラリンピック競技大会推進本部設置期間は特例として、国務大臣が2名増員されている。

総理もほかの大臣も、国会議員であることがほとんどです。それは憲法第67条に「**内閣総理大臣は、国会議員の中から国会の議決で指名される**」、第68条に「**国務大臣は、その**

ひとこと ポイント！ **内閣不信任はめったにない**

衆議院で内閣不信任決議が可決されたことは、戦後わずか４回しかありません。なぜこんなに少ないのでしょうか？

それは議院内閣制の国だと、そうなりやすいからです。なぜなら議院内閣制だと、総理は国会議員の過半数（つまり与党）の賛成で指名され、不信任決議も衆議院の過半数（こちらも与党）の賛成が必要だからです。つまり、与党から何人か裏切り者が出ない限り、不信任決議は可決されないのです。

過半数は国会議員の中から選ばなければならない」と書かれているからです。

それではなぜ憲法に、そんな規定があるのでしょう。それは日本が**議院内閣制**の国だからです。

②）内閣は国会の信任があって成り立つ

議院内閣制とは**内閣の存立を、国会の信任に依存する制度**です。もっと簡単に言うと**国会から信頼された内閣だけが、内閣たりえる制度**です。

前出のとおり、国会は法律をつくるところで、内閣はそのつくられた法律に基づいて政策を執行するところです。ということは、国会と内閣は仕事に連続性がある、というか、ほとんど「流れ作業」のような関係です。ならば**両者に必要なものは「信頼関係」であり「協力関係」**です。そしてそれをつなぐための制度が議院内閣制なのです。

両者は協力関係を保つためにメンバーを交ぜ、**総理と過半数の大臣は「国会議員を兼任」**します。そうすることで内閣は過半数が「国会側の気持ちもわかる」メンバーとなり、国会を裏切れなくなります。

でも、どうしても信頼関係にひびが入り、「もうこれ以上協力はムリ！」となることもあります。そんなときにはムリをせず、すっぱり関係を解消します。そのために**衆議院には「内閣不信任決議権」が、内閣には「衆議院の解散権」がある**のです。

そして、不信任と解散の後には、選挙があります。この選挙を経て新たな議員が選ばれ、新たな総理が指名されれば、またフレッシュな協力関係が築けるのです。

✏️ **コレだけはおさえておこう！**

・内閣総理大臣は ⬚ ① ⬚ の中から国会の議決で指名される。

・国務大臣は ⬚ ② ⬚ が国会議員でないといけない。

・内閣の存立を国会の信任に依存する制度を ⬚ ③ ⬚ という。

現代の民主政治と社会

PART 3

29 「官僚」って 何をする人？
——行政の役割と行政改革

ここが大切！

❶ 官僚とは各省庁に配属される国家公務員のこと
❷ 効率的な行政を目指し行政改革が進められている

1) 官僚とは各省庁に配属される国家公務員のこと

　政治家（国会議員）の仕事が法律をつくることなのはわかるとして、官僚とは何をする人なんでしょう？ いや、そもそも官僚って誰でしょう？

　官僚とは、東京・霞が関にある**各中央省庁に、毎年配属されてくる、一部のエリート公務員**のことです。

　広い意味で捉えた場合、官僚制とは**巨大化した組織の管理・運営システム**のことです。正確には民間企業も含みますが、一般的な意味での官僚は霞が関のエリート、いわゆる「キャリア官僚」です。

　彼らの大半は東大を優秀な成績で卒業し（もとも

[官僚、政治家、企業の関係]

官界（官僚）／財界（企業）／政界（政治家）
鉄のトライアングル
許認可／天下りの受入
予算の確保／政策のアドバイス
公共事業の配分／政治資金の提供

と東大は官僚養成機関としてつくられました）、国家公務員採用総合職試験（いわゆるかつての「国Ⅰ」）という超難関試験に合格した、エリート中のエリートです。つまり、試験に合格して官僚になるため、**彼らは国会議員と違って「選挙で選ばれた人々」ではない**ということです。

　選挙で選ばれた国会議員は、国民のためになる活動をせざるをえません。なぜなら国民をないがしろにすると、次の選挙で誰も票を入れてくれず、落選するからです。ところが官僚は、選挙ではなく「頭脳」でその地位を勝ち取っているため、言ってしまえば、国民のための働きをしなくても職を失うことはありません。

　そんな彼らがもしも私利私欲に走り、政策執行や監督権限を行使したら大変です。実際彼らは、議員のつくる法律の不備をついて**許認可**と呼ばれる細かい規制を何個もつくり、それで民間企業を縛り上げ、緩めてほしくば俺が省庁退職後、お前の会社に好条件で再就職させろ（いわゆる**天下り**）と脅すのです。……と言うと言い過ぎかもしれませんが、実

小さな政府と大きな政府

ヨーロッパやアメリカでは、19世紀中ごろまで、政府の役割を安全保障や治安維持など最小限にとどめようという小さな政府の考え方が中心でした。現代では、人々の生活を安定させるため、政府は教育や雇用の確保など、さまざまな仕事を行うべきだという大きな政府の考え方に変化しています。しかし、政府が担う役割が広がるにつれて、行政が担う役割も拡大し、企業に任せるほうがよい仕事まで行ってしまう可能性があります。

際、かつてはこのようなことがあったのです。これはどうすればいいのでしょう。

2）効率的な行政を目指し行政改革が進められている

　まず、不透明な行政を透明化するため、国会は1999年に**情報公開法**を制定しました。これは省庁などが持っている行政文書を、請求に応じて公開するよう原則義務づけた法律です。

　さらには、自由な経済をうながす**規制緩和**（省庁が持つ許認可権限などを縮小・廃止して、民間企業ができることを増やす）や、組織の肥大化が行政権の肥大化や膨大な行政コストにつながっているとの観点から、行政組織をスリム化する試みがなされています（＝**行政改革**）。

　その集大成とも言えるものが**中央省庁の再編**です。2001年に実施され、**中央省庁の数は「1府22省庁」から「1府12省庁」へと削減**されました。

[中央省庁の再編]

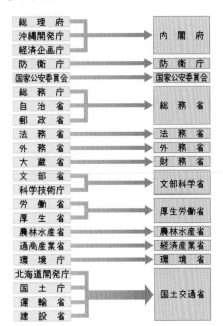

コレだけはおさえておこう！

・省庁が持つ許認可権限などの縮小や廃止を行うことを　①　という。

・省庁などが持つ行政文書を、請求に応じて公開することを原則義務づけた法律を　②　という。

・2001年の　③　により、行政機関は大幅にスリム化された。

答え　①規制緩和　②情報公開法　③中央省庁の再編

30 「令状がないなら帰れ！」「黙秘します」は憲法上の権利
——裁判所のしくみと裁判

1 裁判には民事裁判と刑事裁判がある

　法を適用することで争いを解決することを「司法」といいます。憲法第76条によると、司法権は「最高裁判所および下級裁判所」に属しています。下級裁判所とは高等裁判所・地方裁判所・家庭裁判所・簡易裁判所の４つです。

　裁判は、争いの種類や程度によって、地裁・家裁・簡裁のいずれかから第一審がはじまり、判決に不服ならば１つ上の上級裁判所に控訴し、さらにそこでも不服のときは、もう１つ上級の裁判所へと上告します。つまり「地裁や家裁→高裁→最高裁」または「簡裁→地裁→高裁」や「簡裁→高裁→最高裁」という流れです。このように、慎重を期して裁判を３回まで受けられる制度を「三審制」といいます。

　裁判には、大きく分けて３つの種類があります。まずは民事裁判。これは「個人vs個人」「個人vs企業」「企業vs企業」など、民間どうしの利害調整のための裁判です。ここでの判決は、損害賠償の金額や家屋の明け渡し請求、法的関係の確認など、事件性のないものばかりです。民事裁判では訴えた人を原告、訴えられた人を被告と呼びます。

　続いて刑事裁判。これは刑法違反者を処罰するための裁判です。刑法には、犯罪行為とそのペナルティが具体的に書かれているので、民事と違い刑罰（懲役や罰金）を科すことが前提となっています。なお刑事事件では、逮捕されて起訴されるまでの間は「被疑者」、起訴されてからは「被告人」と呼ばれます。さらに刑事裁判では、原告と被告人の関係も重要です。刑事裁判の場合は「よくもわが国のルールを破ったな」という立場の人、つまり検察官が原告の役割を担います。

　さらには行政裁判。これは国や地方に不当な行政行為（やるべきことをやらなかったり、やるべきでないことをやる）があったときの裁判です。

ひとことポイント!

裁判官と検察官は転勤が多い

裁判官と検察官は、非常に転勤が多いです。というより、転勤を前提として働いています。裁判官は3年、検察官は2〜3年ごとに転勤し、全国を飛び回ります。

なぜ彼らは転勤が多いのでしょう? それは、同じ地域に長くいると、地域の有力者・権力者とつながりができてしまい、癒着や圧力が生じる危険があるからです。

転勤がイヤなら弁護士を選びましょう。でもまずは、司法試験に合格しましょう。

②）被疑者、被告人にもさまざまな権利が保障されている

身体の自由は「自由権」でも扱いましたが、ここではより詳しく見てみましょう。

憲法第31条には、「**法律の定める手続きがない限り、自由を奪われたり刑罰を科せられたりしない**」ことが保障されています。そして第33条には逮捕の際、第35条には**捜索や押収**の際に、それぞれ**裁判所発行の令状が必要**なことが規定されています。そして第34条には、**理由を告げ弁護人を依頼する権利を与えられない限り抑留・拘禁はされない**ことが規定され、第37条には「**刑事被告人の権利**」として、公平な公開裁判を受ける権利、証人への審問権、弁護人依頼権などが規定されています。

さらに第38条には「**不利益な供述と自白の強要の禁止**」が規定されており、**自己に不利益な唯一の証拠が自白である場合、その人は罪に問われない**ことが保障され、第39条では**実行時適法だった行為や、裁判ですでに無罪とされた行為は、刑事上の責任を問われない**ことが規定されています。

[身体の自由を守るための憲法]

奴隷的拘束及び苦役からの自由	第18条	人格を無視した身体の拘束や、意思に反した強制労働を禁止。
法定の手続の保障	第31条	刑罰を科すには法律で定めた適正な手続によらなければならない。
罪刑法定主義	第31条	いかなる行為が犯罪に該当し、それにいかなる刑罰が科せられるかは、あらかじめ法律で定められていなければならない。
逮捕の要件	第33条	現行犯以外は、令状によらなければ逮捕されない。
抑留、拘禁の要件、不法拘禁に対する保障	第34条	弁護人の依頼など。
住居の不可侵	第35条	住居侵入、捜査等に対する保障。
拷問及び残虐刑の禁止	第36条	拷問(肉体的に苦痛を与えて自白を引き出すこと)や残虐な刑の禁止。
刑事被告人の権利	第37条	公開裁判を受ける権利、弁護人を依頼する権利。
自己に不利益な供述、自白の証拠能力	第38条	黙秘権の保障、強制・拷問・脅迫による自白は証拠とはできない。
遡及処罰の禁止	第39条	行為時に犯罪とされていなかった行為を、後から犯罪として処罰することを禁じる。
一事不再理	第39条	無罪が確定した後に、再び同じ事件を再審で蒸し返すことを禁じる。

✏ コレだけはおさえておこう!

・憲法第76条によると、司法権は最高裁判所と ［ ① ］ に属する。

・刑事裁判において原告に相当するのは ［ ② ］ である。

・自己に不利益な唯一の証拠が ［ ③ ］ なら、罪に問われない。

31 えっ！私が裁判員になるの？
――司法権の独立と司法制度改革

ここが大切！

❶ 裁判の中立・公正のために裁判所は独立している

❷ 市民が裁判に参加する制度＝裁判員制度

① 裁判の中立・公正のために裁判所は独立している

　裁判が中立・公正に行われるために、裁判所は厳重にその独立性が守られています。これを**司法権の独立**といいます。

「独立性を守る」とは、**裁判官が「内外からの圧力を受けない」**ということです。つまり裁判官は、仮に上司から「こいつ俺の連れだから無罪ね」といわれても、殺人犯を無罪にはできないし、内閣や国会から「こういうのを許すと世論がうるさいからさ、ここはひとつ厳しめの刑で頼むよ」と言われても、それを理由に刑の重さを変えることはできません。憲法第76条にもあるように、**裁判官が従うべきは「良心・憲法・法律」の３つのみ**。それ以外は、いかなる内外からの圧力も、はねのけないといけません。

　そのために裁判官は、憲法上しっかりと身分保障がなされています。まず裁判官は、**報酬が在任中減額されません**（第79・第80条）。これは、上司からの脅し（いうことを聞かないと給料を下げるぞ）を避けたり、減額で金に困った裁判官が賄賂をもらって判決をねじ曲げたりしないための措置です。

　そのほかにも裁判官は、**行政機関からの懲戒処分を受けません**（第78条）。さらには**罷免されるケースも、「心身の故障・公の弾劾（義務違反や著しい非行のあった裁判官を弾劾裁判で罷免）・国民審査（10年に１回、最高裁裁判官だけ適否を審査）」の３つのみ**です。

② 市民が裁判に参加する制度＝裁判員制度

　日本の司法制度はこれまで、裁判が利用しづらい、判決が市民感覚とかけ離れている、弁護士の数が少ない、お金がかかる、気軽に法律相談ができない……などの問題が指摘されてきました。それらを解消するために**1999年より「司法制度改革」**が進んでいます。

　2004年には、法曹人口の増加を目指して**ロースクール（法科大学院）**が創設され、司法試験の難しさが「どんなに頑張ってもゴールが見えない理不尽な難しさ」から「がむ

**大津事件にみる
司法権の独立**

明治時代の中ごろ、来日中のロシア皇太子に、日本の警官が刀で斬りつけるという事件がありました（大津事件）。政府はロシアとの戦争を恐れ、裁判所に死刑判決を出すよう迫りましたが、児島惟謙という裁判官が、その圧力をはねのけ、無期懲役刑にしました。人々は児島を「よくぞ司法権の独立を保った。偉い！」と褒め称えました。

でももしこの判決のせいでロシアと戦争になっていたら、児島は「お前のせいだ！」と石を投げられたことでしょう。司法権の独立も、なかなかに難しいです。

しゃらに必死に頑張ればゴールが見える難しさ」ぐらいに下がりました（ただし、必要な勉強量は同じですから、世間で言われるほど楽にはなっていません）。

また、2006年には**法テラス（日本司法支援センター）**が、全都道府県につくられました。「弁護士事務所は敷居が高い」と思う人は、ここに行けば、無料での情報提供や、低所得者への無料法律相談などを行ってくれます。

さらには2009年より、裁判に市

[裁判員制度のイメージ]

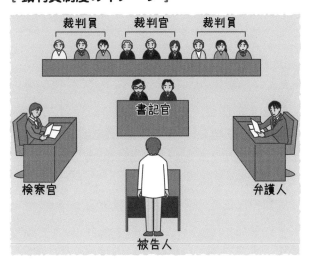

民を参加させる**裁判員制度**がはじまりました。複数人で集まって意思決定する組織を**合議体**といいますが、裁判員制度も**裁判員6名、裁判官3名からなる合議体**です。そして「重大な刑事事件の第一審のみ」ですが、**満20歳以上の国民から選ばれた裁判員が、裁判官と一緒に話し合い（＝評議）、有罪か無罪かを決め（＝評決）、有罪ならばどのような刑罰にするかを決めます（＝判決）。**

ほかにも、取り調べを録音・録画して自白の強要等を防ごうとする取り調べの可視化や、犯罪被害者が被告人や証人に質問できる被害者参加制度などが新しくつくられています。

✏️コレだけはおさえておこう！

・裁判が中立・公正に行われるために、裁判所の独立が守られていることを　①　という。

・気軽に法律相談できる社会を目指して、2006年に　②　が創設された。

・2009年よりはじまった裁判に市民が参加する制度を　③　という。

答え　①司法権の独立　②法テラス（日本司法支援センター）　③裁判員制度

32 国会・内閣・裁判所は グー・チョキ・パーの関係
──三権分立

① 国会・内閣・裁判所は三権分立で権力の行き過ぎを防いでいる

　ここまで国会・内閣・裁判所と、いわゆる「三権」、つまり国家の統治権3つを見てきたわけですが、今度はその三権の関係を見てみましょう。

　現代の民主政治の基本は**三権分立**です。これには2つのあり方があります。1つ目は、**三権が互いの独立性を尊重し、お互いのナワバリを荒らさない**という考え方。これが『**法の精神**』で**モンテスキュー**が説いた三権分立にいちばん近い形であり、これを重視している国は**アメリカ**です。

[三権の分立]

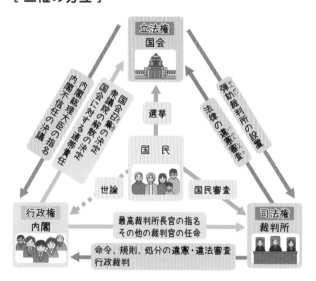

　だからアメリカは「立法は立法、行政は行政、お互い別物なんだから、相手のやることにケチつけんのはやめようぜ」という考え方を基本としています。そのため、**大統領と各省長官（日本で言う「内閣」）は「国会議員との兼任不可**」であり、大統領は議会を解散できず、議会も大統領の不信任はできない形になってます。

　そしてもう1つが**抑制と均衡**型で、これを採っている国が**日本**です。日本の三権は「グー・チョキ・パー」の関係になっており、それぞれ相手の暴走を抑制する権限を持ち合っています。つまり、国会（衆議院）は内閣不信任決議権と裁判官を弾劾裁判で罷免する権利を、内閣は衆議院の解散権と裁判官の任命権を、そして裁判所は国会のつくる法律や内閣の政令に対して**違憲立法審査権**を持つ、といった具合です。

ひとこと ポイント！ **千代田区は三権の中枢部**

　東京都千代田区は、日本の三権の中枢部です。皇居をとりまくこの区内に永田町や霞が関があり、その辺りに国会・中央省庁・裁判所が集中しています。

　この界隈でおもしろいのは、赤坂です。赤坂は港区ですが、永田町と道路1本隔てただけの繁華街のため「三権憩いの場」となっています。赤坂に行けば、料亭に入る政治家と周囲を警戒するSPたちなんかを見かけますし、テレビ局が近いので、仕事を終えこれから飲み屋に向かう芸能人もいたりします。

　この構図は、完全に互いの急所を握り合っていますよね。こういう関係をつくっておけば、暴走なんかできません。この**相互の抑制によって均衡を保っていくのが、日本の三権分立**なのです。

　君主主権や共産党の一党独裁など、国家権力が1カ所に集中している統治は、非常に危険です。仮にそこが暴走したとき、誰にも止められなくなります。その意味でもこの「抑制と均衡」は、民主主義を守るための命綱ともなりえるものです。

2) 裁判所は法律や政令などが憲法違反していないかどうかを審査できる

　言葉の説明が後回しになっていたので、ここで違憲立法審査権について説明します。

　違憲立法審査権は、**国会がつくる法律や、内閣の政令・行政処分・命令などを、裁判所が憲法に違反していないかどうか審査**する権限です。

　日本が**立憲主義**（権力の暴走を法〈特に憲法〉で規制する）である以上、**国会や内閣の暴走を、裁判所が憲法というモノサシで測り、抑制**するのは当然です。実際裁判所はこの権限を行使し、過去にいくつかの事件裁判の際、「法律に対する違憲判決」を出しています。

　ちなみに**最高裁判所が違憲立法審査権の最終決定権を持つことが憲法第81条に規定**されているため、最高裁判所は**憲法の番人**とも呼ばれます。

コレだけはおさえておこう！

・『法の精神』で三権分立を説いたフランス人は　①　である。

・日本の三権分立は、三権相互の　②　を重視する。

・一切の法律・命令・規則・処分が憲法に違反していないかを審査する裁判所の権限を　③　という。

答え ①モンテスキュー　②抑制と均衡　③違憲立法審査権

33 「地方らしさ」の発揮って何をするの？
——地方自治のしくみ①

❶ 地方自治は民主主義の学校
❷ 仕事や財源を国から地方に移す地方分権改革が進んでいる

① 地方自治は民主主義の学校

　2004年当時、小泉総理は、「『民間にできることは民間』に、『地方にできることは地方に』」と言っていました。これは地方のためを思ってというより、政府が支出を抑えるための財政再建のスローガンでしたが、言っていることは正しいです。

　国が地方の面倒をみても、あまりいいことはありません。なぜなら国が出す行政方針は、基本的に「全国一律」、つまりどの都道府県にも同じ内容が適用されるからです。それではせっかくいろいろなタイプの地方があっても、独自性や自主性なんか発揮できません。せっかくいろいろなタイプの力士がいても、相撲協会が“張り手奨励金”しか出さなければ、みんな張り手しかしなくなるのと同じです。

[地方公共団体の仕事]

消防・水防　　　　ごみの収集

上下水道の整備　　小・中学校の設置

　地方自治の基本は、「団体自治」と「住民自治」です。団体自治とは「地方公共団体が、自らの地域を自ら治めるべき」という意味で、国の干渉を受けずに独自の判断で政策を決定し、運営できることを言います。例えば「条例の制定」などがその具体例です。

　住民自治とは「そこに暮らす住民が、自らの地域を自ら治めるべき」という意味で、署名や住民投票などを通じて条例の制定や改廃の要求、あるいは首長の解職請求などを行う「直接請求権」が、その具体例です。

　この住民自治は特に大切です。なぜなら署名や住民投票を使った直接請求

ひとこと ポイント！

団体職員とは？

　生徒から「団体職員とは、地方公共団体の職員のことですよね？」と質問されたことがありますが、違います。

　団体職員とは「一般企業や公務員以外」の組織で働く人々のことで、具体的には財団法人や社団法人、宗教法人、独立行政法人、農協、生協、NPO法人などの職員さんです。ちなみに、著者が勤める予備校は「学校法人」なので、著者の予備校の職員のみなさんも団体職員です。

は、地方という「小さな単位」だからこそ実現しやすいものだからです。

　本当は国でもこういうことができれば民主主義はもっと増進するのですが、残念ながら国は、1億2千万人を抱える大所帯です。大所帯ではそんな大がかりなことはできないうえ、国民一人ひとりの声も届きにくいです。しかし地方は小さい分だけフットワークが軽く、機動力があります。だから署名や住民投票がしやすく、行政に住民一人ひとりの声も届きやすいのです。

　つまり私たちは、**地方という小さな単位だからこそ、民主主義が何たるかを学べている**わけです。これが「**地方自治は民主主義の学校**」と言われる理由です。

② 仕事や財源を国から地方に移す地方分権改革が進んでいる

　地方がより一層自主性や独自性を発揮できるよう、近年は**地方分権改革**が進んでいます。地方分権は中央集権の対義語ですから、地方分権改革ということは、**国への権力集中から地方への権力分散になりつつある**わけです。

　この改革は、1999年に制定された**地方分権一括法**で地方が国の代わりに行っていた仕事が大幅に減ったあたりを皮切りに、財政面での改革、**市町村合併**の推進（自治体の規模が大きくなれば、その分権限も大きくなる）、**小泉時代の構造改革特区や安倍内閣からはじまった国家戦略特区**（どちらも「全国一律でない"特定地域のみでの規制緩和"」）の設置など、どんどん進められています。この地方分権ラッシュにより、地方は今まさに生まれ変わろうとしています。

✏️ コレだけはおさえておこう！

・地方公共団体が定める独自のルールを、　①　　という。

・住民が、署名などを通じて条例の制定などを地方公共団体に請求する権利を　②　　という。

・1999年に　③　　が制定され、地方の改革が大幅に進みはじめた。

答え　①条例　②直接請求権　③地方分権一括法

34 外国人でも中学生でも政治に参加できる!? 住民投票
——地方自治のしくみ②

① 地方公共団体は地方税だけでは活動できない
② 住民投票で政治に参加できる

① 地方公共団体は地方税だけでは活動できない

地方分権改革のおかげで、近年は地方が自主性や独自性を発揮できるようさまざまな取り組みがなされていますが、それを実りあるものにするためには、1つの問題をクリアしなくてはなりません。「お金」の問題です。

そう、地方はお金が足りないのです。地方が自分で調達する税を**地方税**といいますが、**地方税の歳入に占める割合は、わずか40パーセント前後です。**つまり地方は、1年間に必要とする予算のうち、わずか4割しか自力で稼げていないのです。

では、残りの6割はどうしているのかというと、**"国からのお恵み"** と借金です。

お恵み（つまり国が出してくれるお金）とは、**地方間の格差是正のために配分される「地方交付税交付金」**と、**国が使い道を指定して配分される「国庫支出金」**の2つです。地方は、この2つを国から恵んでもらっているため、国に頭が上がりません。そのため国から仕事を押しつけられたときにはそれを代行しなければならず、地方独自の仕事などやっている暇がなくなります。この状態では自主性も何もありません。さらに言うなら借金（**地方債**の発行）だって、原則としては総務大臣との協議を経て同意を得る必要がありますから、大臣の顔色をうかがわないと借金すらできません。

このように、**自主財源である地方税がわずか3〜4割しかないために、自主的にできる仕事が減ってしまう**地方の現状を**三割自治**といいます。

これを解決するためには、とにかく**お金の面で国に依存しない財政構造をつくる**ことが必要です。そこで2007年に**三位一体改革**と呼ばれる税財政改革で、**国が地方に税源の一部を譲り、その代わり地方を縛る元凶となっていた2つの依存財源（地方交付税交付金と国庫支出金）を縮小しました。**このお金の面での体質改善により、今後は地方が自主性を

[地方全体の歳入内訳]

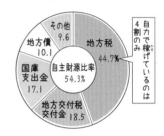

その他 9.6
地方債 10.1
国庫支出金 17.1
地方税 44.7%
地方交付税交付金 18.5
自主財源比率 54.3%

自力で稼げているのは4割のみ

（2020年度）（「日本国勢図会」2020/21年版）

ひとことポイント! 住民投票の事例

市町村合併などの地域での重要な問題について、住民投票が行われるケースが増えてきています。2003年に長野県平谷村で市町村合併を問うた住民投票では、中学生以上の住民が投票の権利を得ました。また、2006年には山口県岩国市でアメリカ軍基地への空母艦載機の移転受け入れ可否、2015年と2020年には大阪府大阪市で特別区導入の可否（いわゆる「大阪都」構想）に関する住民投票が行われています（2回とも僅差で否決）。

発揮できる場が形成されることが期待できるようになったわけです。

② 住民投票で政治に参加できる

P80で署名や住民投票を通じた**直接請求権**についてふれましたが、実は憲法や法律で認められた住民投票は非常に少なく、**地方特別法の制定時（憲法第95条）や議員・首長の解職請求（地方自治法）、地方議会の解散請求（同）**ぐらいしかありません。

でも実際に行政に住民の声を聞いてほしいのは、原子力発電所や米軍基地、産業廃棄物処理場など、おもに「迷惑施設の是非」を問う場合です。ところがこれらについて住民投票を実施したくても、憲法にも法律にも住民投票の規定がなく、法的根拠がありません。どうすればいいのでしょう。

実はうまいやり方があります。住民投票は、「住民投票条例」を制定することでも実施できます。そこで、直接請求権を使って、**まず「住民投票条例の制定要求」をする**のです。条例の制定要求なら「**有権者の1／50以上の署名**集め」からはじめられますし、これで住民投票条例が制定されれば、投票に法的根拠が生まれます。

このやり方で1996年あたりから、住民投票の件数がぐっと増えました。住民投票条例は公職選挙法とは関係がありませんから、場合によっては、地域に住む外国人や小中学生が投票をすることもできます。より多くの住民の意見を政治に反映できるんですね。

[直接請求権の内容]

内　容	必要な署名	請求先
条例の制定・改廃	有権者の $\frac{1}{50}$ 以上	首　長
事務の監査		監査委員
議会の解散	有権者の $\frac{1}{3}$ 以上	選挙管理委員会
議員・首長の解職		
主要な職員※の解職		首　長

※副知事、副市町村長、選挙管理委員、公安委員、監査委員

コレだけはおさえておこう！

・地方公共団体間の財政格差をおさえる目的で、国から配分されるお金を ① という。

・国が使い道を指定して地方公共団体に配分するお金を ② という。

・法的根拠のない事柄でも住民投票を実施できるよう、近年は直接請求権を使った ③ の制定要求が出されることが多い。

答え ①地方交付税交付金　②国庫支出金　③住民投票条例

35 ごはんを食べ、服を買い、映画を観るのが経済！
——消費生活と流通

❶ 経済＝生産と消費を通じた人間の活動

商品のことを**財**と**サービス**といいます。正確には、**形のある商品が「財」**で、**形のない商品が「サービス」**です。商品の価値は需要（買い手）と供給（売り手）の数量バランスで決まり、人間の欲望に対して供給量の少ない商品は**希少性**の高い商品といいます。

そして、その財やサービスを購入するのが**消費**で、それをつくるのが**生産**。もちろん生産と消費は、お金でつながっています。

私たちは、お金を払って企業が生産した財・サービスを消費し、その消費が、私たちの生活を便利で豊かなものにしているのです。このような、**生産と消費を中心とする人間の活動を「経済（経済活動）」**といいます。

経済の中でも、家族や個人など、家庭の経済活動のことを**家計**といいます。家計では給料などで収入を得て、それをさまざまな目的で支出します。支出のうち、衣食や娯楽、教育などの生活に必要な支出は特に**消費支出**といいます。

[経済の循環]

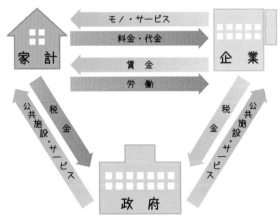

家計の主な活動は、「消費と**貯蓄**」です。そして、**家計の消費支出に占める飲食費の割合を**エンゲル係数といいます。2020年の日本のエンゲル係数は27.0パーセントでした。この数字の高い人は、稼ぎの大半を飲食費に回しているわけですから、カツカツで生活しているか、とんでもないグルメかのどちらかです。ちなみに『美味しんぼ』（原作：雁屋哲、作画：花咲アキラ、小学館）というグルメ漫画の山岡さんはエンゲル係数80パーセントだそうですが、それがもし事

ひとことポイント！ 流通の合理化

小売店は、少しでも流通コストをおさえるため、生産者からの直接買付やフランチャイズ（グループの看板・商法・商品を使う権利をもらって商売→その使用料を本部に支払う）での一括仕入れなど、流通の合理化を図ります。

近年はそこに、Amazonや楽天などのネットショッピングが加わりました。ネットショッピングは、流通経路の短縮・情報の提供・保管コストの削減など今までにない効率化と利便性、目新しさで、瞬く間に世に浸透しました。これも流通の合理化です。

実なら、宿敵・海原雄山とぐぬぬとか言い合っている場合じゃないです。

私たちが財やサービスを消費するときには、支払いが生じます。みなさんが文房具やお菓子を買うときは、現金で支払うことが多いでしょう。交通系ICカードを持っている人は、現金をICカードにチャージして電子化し、電子マネーで支払うこともできます。また、手元に現金がなくても財やサービスを購入する方法として、代金を後払いで返済する**クレジットカード**決済もあります。これら現金を使わずに支払いを済ませる方法を「**キャッシュレス決済**」といいます。とくにクレジットカードはポイントがついてお得になったり、現金の持ち合わせがなくても買い物ができたりと、便利な一面があります。

しかし、後払いということは、カード会社などが一時的に代金を立て替えているだけなので、借金の一種とも言えます。クレジットカードで自分の収入に見合わない買い物を繰り返した結果、後から返済に追われて苦しんでいる人もいます。

人間の欲望には限度がありません。無計画な支払いは、後々あなたを大変な目にあわせます。収入には限界があることを忘れずに、**収支に見合った「選択」をする**よう気をつけましょう。

PART **4** 私たちの暮らしと経済

②流通＝生産された商品が消費者に届くまでの流れ

企業が**生産した商品を私たちが消費するまでの流れ**を**流通**と呼び、その中心は、直接消費者に商品を売る**小売業**と、生産者から買った商品を小売業者に売る**卸売業**です。

ほかにも流通過程を支える業種として、運送業や保険業、広告業などがあります。これらはすべて形のない商品なので、先ほど学んだ言葉で言えば「サービス」になります。

✏️ コレだけはおさえておこう！

・形のある商品を [　①　]、ない商品を [　②　] という。

・支出のうち、衣食や娯楽、教育などの生活に必要な支出を [　③　] という。

・生産した商品を私たちが消費するまでの流れを [　④　] という。

答え ①財　②サービス　③消費支出　④流通

36 悪徳商法には引っ掛かりたくない！
——消費者問題とその対策

ここが大切！

❶ 欠陥商品や悪徳商法などの消費者問題にご注意
❷ 消費者を守る法律や制度がある

1 欠陥商品や悪徳商法などの消費者問題にご注意

P84で、生産と消費を中心とする人間の活動を「経済（経済活動）」と呼びましたが、売り手と買い手の間では、売り手側だけが情報や知識を持ち、買い手側の情報が不足するというようなことが、しばしば起こります。

こうなると、当然買い手側が不利な立場になるため不利益が生じやすく、その結果、**欠陥商品**や**有害商品**、**悪徳商法**に詐欺などのトラブルが起こります。このように、**消費者が受ける被害や不利益全般**のことを**消費者問題**といいます。

それでは、それをなくすためには、何が必要でしょうか。

[さまざまな悪徳商法]

架空請求
料金未払いのため裁判所に通告します。
え…？

送りつけ商法
注文した覚えはないのに…
請求書

マルチ商法
友達を紹介すればどんどんもうかるよ〜
残ったのは在庫とローンだけ…

点検商法
床下、かなり傷んでいて危険ですよ！直しましょう！

まずは、企業と消費者の関係を、正しく捉え直しましょう。情報の話からもわかるように、両者の関係はどうしても企業優位になりがちです。でも、よく考えてみてください。そもそも客がいなければ、すべての商売は成立しないのです。その意味でいうと、両者の関係は圧倒的に消費者が優位です。

「**生産のあり方を決定する最終的な権限は消費者にある**」という考え方を**消費者主権**といいます。消費者が自分の意思と判断で適切な商品を選び出し、購入することができるようになることが必要なのです。

自己破産という救済措置

ひとことポイント！

自己破産とは、借金で首が回らなくなった債務者（支払いや返済義務のある人）が、裁判所に自ら破綻を申告し認定してもらう制度です。自己破産が認定されると、最小限の生活費と家財を除く財産が没収されますが、それ以外の借金はすべて支払い義務が免除されます。

自己破産は、債務者の人生をリセットさせてくれる救済措置なので、免責決定後は自由の身です。しばらくの間だけ、金融機関のブラックリストに載りますが、それも数年で終わります。ちなみに、自己破産者から無理やり借金を取り立てると、強盗か恐喝で逮捕されます。

アメリカの**ケネディ大統領**は、1962年に**消費者の四つの権利**を発表しています。**安全を求める権利・知られる権利・選ぶ権利・意見を反映させる権利**の4つです。この権利を確立しておけば、私たちが困ったときには政府が助けてくれることになるのです。

②消費者を守る法律や制度がある

日本における消費者対策は、高度経済成長期（1955〜73年）の終わりごろにはじまりました。急激な経済成長のツケで、少し前の中国のように、欠陥商品や有害商品が社会問題化していた時期でした。

まず国会は、1968年に**消費者保護基本法**（2004年より**消費者基本法**）を制定し、これを消費者問題対策の中心立法に据えました。さらに1976年には**訪問販売法**（2000年より**特定商取引法**）が制定され、その中で**訪問販売等による契約は、一定期間内ならば無条件解除可とする「クーリング・オフ」**が規定されました。さらには1994年、消費者を欠陥商品の被害から救済するため**製造物責任法（PL法）**が制定され、以後は**メーカー側に過失がなくても、「その商品を使ったら、こんな被害が出ました」という因果関係さえ証明できれば損害賠償を求めることができる**ようになりました。

その後、2000年には**消費者契約法**が制定され、強引な勧誘や不当な説明に基づく契約が解除できるようになり、2009年には消費者行政を一元的に管理する行政機関として**消費者庁**が設立されたのです。

PART
4

私たちの暮らしと経済

コレだけはおさえておこう！

・消費者が自分の意思と判断によって適切な商品を選び、購入することができる権利を ① という。

・1962年、ケネディ大統領は「消費者の ② 」を発表した。

・訪問販売等で、一定期間内ならば契約を無条件解除できる制度を ③ という。

37 自由を取るか、平等を取るか。それが分かれ目だ
──資本主義と社会主義

ここが大切！

❶ 資本主義経済では企業は「利潤の最大化」を目指す
❷ 社会主義の原則は「平等」

1) 資本主義経済では企業は「利潤の最大化」を目指す

資本主義とは「自由」を基本原則とする経済体制です。

資本主義社会には**経済活動の自由**があります。経済分野において、「何をしてもいいぞ」という完全な自由が与えられたとき、人間はどう動くと思いますか？ 答えは「**利己心に基づき、欲望のままに動く**」です。

すべての動物が本能的な欲求を行動のエネルギーとしている以上、人間にとっても、**欲望は行動の最大の原動力**です。そして経済活動で「自由に基づき欲望のままに動く」ということは、生産者の側からすれば、工場や機械を持つのも自由（＝**生産手段の私有〈私有財産制〉**）、企業をつくるのも自由、何をどれだけつくるのかも自由、いくらで売るのかも自由……という考え方になります。そしてその考えに基づいて商品を生産・販売し、**最終的に「利潤の最大化」を目指します**。**利潤**とは、利益のこと。財やサービスを売って出る売り上げから、生産や販売にかかった費用を引いた金額のことです。

「そんな欲深い企業が相手じゃ、消費者がかわいそう。だって絶対、高いモノばかり売りつけられるに決まってるもの……」──ご安心ください、大丈夫です。なぜなら自由な経済活動が保障されている以上、ほかの企業も利潤の最大化を目指して商品の生産・販売をはじめるはずです。するとそこには企業間の**自由競争**が生まれ、結局どの企業も「**少しでもいいモノを安く売って、競争に勝利する**」しかなくなるのです。

ちなみに、資本主義社会を構成しているのは、生産手段（工場や機械）の所有者である**資本家**と、その下で働く**労働者**の2階級です。

2) 社会主義の原則は「平等」

資本主義の基本原則が「自由」なら、**社会主義の基本原則は「平等」**です。
自由な社会はすばらしいけど、欠点もあります。みんなが自由に己の欲望に忠実に利潤

共産主義ってなに？

絶対王政を市民が市民革命で倒した後、世の中は自由な市民が中心となった資本主義社会へと移行します。そして資本主義が栄えてくると資本家と労働者の対立が激化し、その頂点で今度は資本家を労働者が倒す社会主義革命が起こります。

ただし革命勝利後も、まだ完全平等は実現していません。この完全平等までの過渡期が社会主義です。そして全員が労働者という完全平等が実現した社会が共産主義です。

の最大化を目指すと、必ず競争が生まれます。そして**競争は「勝ち組と負け組」をつくり出します。つまり自由だけを重視した社会は必ず「格差社会」となり**、勝ち組が豊かになる反面、負け組はどんどん惨めな貧困生活に追いやられるのです。

すると当然「俺はもうこんな自由は嫌だ！　もっと平等で民主的な社会のほうがいい」という声が上がります。これが社会主義を求める声です。

平等な社会づくりを目指す社会主義には、３つの特徴があります。まずは**私有財産の否定**。貧富の差をなくすには**財産は公有財産のみとし、食糧や衣服は政府から配給**すればいいのです。そして**計画経済**。世の中から自由競争の市場原理をなくし、必要なモノは、すべて政府が計画的に生産・供給する。最後に**共産主義政党の一党独裁。世の中を平等にするには、最大多数者である労働者の利益を実現する政党が、すべてを集中的に指導・管理するべきだという考え方**です。確かにいっていることの筋は通っています。

もちろん社会主義にも数多くの短所がある（**労働意欲の低下・商品不足・抑圧的な支配**）ため、どちらがいいと決められるものではありません。

[**資本家による労働者の搾取を表した風刺画**]

▶数人の資本家を、大勢の労働者が必死に支えている

[社会主義の理想と現実]

平等

理想

いくらがんばっても同じか…

働くのダルい…

現実

コレだけはおさえておこう！

・財やサービスの売り上げから、生産や販売にかかった費用を差し引いた残りの金額を　①　という。

・資本主義社会は　②　と　②　の2階級で構成される。

・社会主義社会では　③　による一党独裁が実現している。

38 会社で一番偉いのは社長じゃない!?
──株式会社と企業の社会的責任

ここが大切！

❶ 私企業には大企業と中小企業がある
❷ 株式を発行して資金を集める株式会社

1) 私企業には大企業と中小企業がある

経済活動の軸である生産と消費のうち、生産を担っているのが企業です。

P88で企業の目的は「利潤の最大化」と書きましたが、国や地方がつくる公企業以外の企業、いわゆる私企業は、みんな利潤が目的です（公企業は公共の利益を目的とします）。

私企業は資本金や従業員数によって大企業と中小企業に分けられます。日本では全企業の99パーセント以上が中小企業で、日本の雇用やモノづくりを支えてきました。

企業が利潤を大きくするために新たな財やサービスを開発していく過程で、技術革新が起こります。近年は独自の先進技術で挑戦するベンチャー企業も増えています。

2) 株式を発行して資金を集める株式会社

私企業の中でも、資本主義を支える代表的な企業が株式会社です。なぜなら株式会社は、利潤の最大化に必要な「資本金の調達」がとても容易だからです。

株式会社の資金調達方法をご説明しましょう。まず株式を発行し、それを投資家に買ってもらいます。すると、買ってもらった株式の販売代金が、そのまま会社の資本金に加算されるという方法です（証券会社への手数料を除く）。

2006年に施行された会社法の規定では、株式会社はなんと「1円からでも設立可」です。かつては1000万円の資本金がないと設立できなかったのが嘘のようです。ということは、自分が最初に準備するお金は微々たるものでも、うまく株を売ることさえできれば、その何倍もの資本金で勝負できるというわけです。

しかし気になることが1つあります。なぜ投資家は、株式を買うのでしょう。

これは当然、メリットがあるからです。まず投資家になると、通常年1回、企業の利潤の一部を配当としてもらえます。それから、株価そのものの上昇。株式は常に購入したときの金額で取り引きされるわけではなく、企業の人気や実績の変動に合わせて、日々変動

ひとことポイント！ 株価が上下する原因は？

　一定の条件を満たした企業の株式は、証券取引所で売買されます。証券取引所では売買によって株価が決定されます。A社が画期的な商品を開発すると、その企業の利益が増加する見込みが強まり、配当金目当てでA社の株式を購入する人が増え、株式が品不足となった結果、株価が上がります。一方、企業の利益が減少するという見方が強まると、A社の株式を手放したい人が多くなり、さっきと逆の流れが起きて株価が下がります。株価は企業の業績だけでなく、政治や経済情勢も反映されます。

します。ならば安いときに株を買い高くなってから売れば儲かります。さらには**経営参加**。企業の株式を1株でも持っていれば、**株主はその会社の「株主総会」に参加できます。そして株主総会こそが、企業の最高意思決定機関**なのです。

　資本主義は競争社会を肯定していますから、基本的な価値観は「お金がある人が偉い」です。だから**「資本金の出資者である株主の集まり」**（株主総会）が、最高機関になるのです。しかも株主総会の議決は**「1株＝1票」**。ということは、その会社の発行株式の過半数を買うことができれば最高機関を牛耳れる、つまり**「会社を乗っ取れる」**ともいえます。

　しかし、これだけ企業規模が大きくなると、企業が与える社会的影響もまた大きくなります。そのため企業は、利潤を追求するだけでなく、**一定の「社会的責任（CSR）」を果たさなければならない**と考えられています。

　例えば**「法令遵守」**を意味するコンプライアンス、**「情報開示」**を意味するディスクロージャー、**「芸術・文化の支援活動」**であるメセナ、**「企業の慈善活動」**であるフィランソロピーなどがそれです。

[株式会社のしくみ]

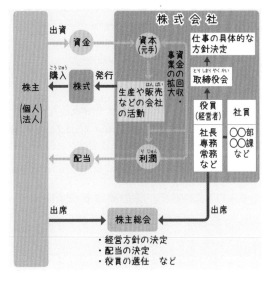

PART 4 私たちの暮らしと経済

✎ コレだけはおさえておこう！

・企業のうち、利潤を目的とする企業を｜　①　｜という。

・①のうち、株式を発行することで人々から資金を集めることができる企業は｜　②　｜である。

・株式会社の最高意思決定機関は｜　③　｜である。

答え　①私企業　②株式会社　③株主総会

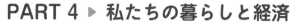

39 働くことの意味ってなんだろう？

──労働の意義と労働者の権利

> **ここが大切！**
> ❶ 働くことで社会参加できる
> ❷ 労働者の権利は憲法で保障されている

❶ 働くことで社会参加できる

私たちはなぜ働くのでしょう。

労働の目的は**収入を得る・なりたい自分になる（自己実現）・社会参加**などが考えられます。

著者は、今でこそ予備校の講師として授業を受け持つほか、こうして書籍を執筆する活動もしていますが、昔の夢は新聞記者になることでした。ということは現在は、それとは違った働き方をしているわけですが、ご心配にはおよびません。これはこれでたいへん充実しています。つまり、昔からの夢をかなえることだけが自己実現ではないのです。社会の中で個性や能力を存分に発揮することも自己実現です。

みなさんも夢で自分を縛りすぎず、就いた職業の中で、達成感・充実感を追い求めてください。

❷ 労働者の権利は憲法で保障されている

資本主義社会では、労働力も商品です。働く人々は少しでも価値の高い商品であるべく日々頑張ってはいますが、なかなかうまくいきません。なぜなら**労働者は、雇い主である使用者に対して弱い立場にある**からです。

「ブラック企業」という言葉は、みなさんも聞いたことがあるでしょう。従業員に長時間労働を強いる、残業代を出さない、ハラスメントが横行する……といった劣悪な労働環境の会社を指す言葉で、これはまさに労働者の立場が使用者よりも弱いために起きる問題です。

そうなると、労働者を保護する法律が必要です。そもそ

[労働基本権（労働三権）]

社長が労働組合にお金を わたすのは「不当労働行為」

「よっ、労働組合の諸君。いつも頑張ってる ねえ。頑張ってる諸君に、私から心ばかりの プレゼントだ。ここに50万円ある。遠慮な く使いなさい」

これは社長、アウトです。なぜならこんな お金をもらうと、組合はいざ賃金闘争の際に 「社長には世話になってるしなあ……」と躊 躇し、強い要求を出せなくなるからです。こ れは組合の自主性の侵害といって、けっこう 悪質な不当労働行為です。

も、労働者には、憲法第27条の**勤労権**、第28条の **労働基本権（労働三権）**（団結権・団体交渉権・団 体行動権）が保障されています。これらが国民の権 利である以上、国にはそれらを守る責務があるので す。

　そのため日本では、**労働基準法・労働組合法・労 働関係調整法の「労働三法」**が制定されています。

　まず**労働基準法**では、労働時間や休日、賃金と いった**労働条件の「最低基準」が規定**され、それを 下回る劣悪な労働契約は違反部分が無効となりま す。例えば、解雇の予告については「30日前に予 告しなければならない。予告しない場合は30日分 以上の賃金を支払う」（第20条）とあるので、使用 者が「お前はクビだ！ 明日から来なくていい！ 給 料ももう払わん！」といい放ったとしても、それは無効になるのです。

　また、**労働組合法**では、労働者による労働組合の結成や、労働協議の保障などを定めて いて、使用者から労働組合への不当行為（**不当労働行為**）があれば、**労働委員会**へ申し出 ることができます。なので当然、使用者が「お前は労働組合に入っていて反抗的だから、 給料を下げるぞ」と脅してくるようなことは許されません。

　そして**労働関係調整法**は労働争議の予防や解決を図ることを目的としていて、ストライ キをはじめとする**労使トラブルの調整手段**が規定されています。

[労働基準法の一部]

	項 目		おもな内容
総則	第1条	労働条件 の原則	・労働条件は、人たるに値する 生活を営むための必要をみた すべきものであること ・この法律で定める労働基準は 最低基準
	第4条	男女同一賃金 の原則	・女性に対する賃金差別の禁止
労働契約	第13条	法律違反の 契約	・基準に達しない労働条件を定 める労働契約は、違反部分が 無効に
	第20条	解雇の予告	・30日前までに予告をする。 予告しなければ30日分以上の 賃金を支払う
労働時間・休日等	第32条	労働時間	・1週間40時間以内、1日8時 間以内（休憩時間を除く）
年少者	第56条	最低年齢	・児童（15歳未満）の使用禁止
	第61条	深夜業	・満18歳未満の者の深夜労働の 禁止
女性	第65条	産前産後	・前6週、後8週の休業を保障

PART **4**

私たちの暮らしと経済

✏️ コレだけはおさえておこう！

・労働時間や休日、賃金などの労働条件の最低基準を定めた法律を ① という。

・団結権と団体交渉権を保障し、労働組合について定めている法律を ② という。

・労働争議の予防や解決などを図ることを目的とした法律を ③ という。

答え ①労働基準法 ②労働組合法 ③労働関係調整法

40 これからの働き方はどうなっていくんだろう？
──日本の労働問題

ここが大切！

❶ 終身雇用制や年功序列型賃金がなくなりつつある
❷ いまだに多くの労働問題がある

1 終身雇用制や年功序列型賃金がなくなりつつある

1991年のバブル経済崩壊後、日本では長年続いた**労働者の雇い方の慣行（終身雇用制・年功序列型賃金・企業別組合）**が、**徐々に崩れつつあります。**

特に終身雇用制と年功序列型賃金の崩壊は、大きな変化です。"新卒採用者は、原則60歳の定年までは解雇しない"終身雇用制は、バブル崩壊直後に吹き荒れたリストラの嵐で崩れ去り、"基本給が定年まで上がり続ける"年功序列型賃金は、**コストのかかる中高年のリストラと能力**

[正規雇用と非正規雇用労働者の推移]

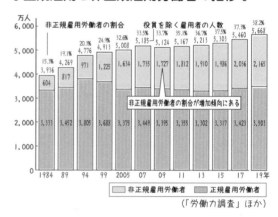

（「労働力調査」ほか）

給制度の導入、低コストのパートタイム労働者や派遣労働者など、いわゆる「**非正規労働者」の増加**を招きました。しかしここで増加した非正規労働者も、2008年の**リーマンショック**（アメリカのバブル崩壊）を機に**派遣切り**（契約途中で打ち切り）・**雇い止め**（契約更新しない）にあうなど、散々です。

2 いまだに多くの労働問題がある

それ以外にも現在、さまざまな労働問題があります。

まずは**失業問題**……なのですが、これはずいぶん改善されてきました。バブル崩壊後の不況があまりに長引いたせいで、予備校でいつも口癖のように「失業率5パーセント、失業者300万人を超えたら深刻な不況」と教えてきましたが、2019年平均の完全失業率はなんと**2.4パーセント**、完全失業者数も**162万人**になりました。

ワーキングプアと ネットカフェ難民

ワーキングプア（働く貧困層）とは、おもに年収200万円以下の労働者を指し、その数は2018年現在で1098万人にものぼります。

年収200万円以下はキツいですね。生活保護でもらえる金額の平均が月12万円程度ですから、ひょっとすると生活保護費よりも給与が低い人もいるのではないでしょうか。

さらに彼らの中にはネットカフェ難民と呼ばれる人たちもいます。ネットカフェを格安の宿泊施設として利用する、いわば新しい形のホームレスです。「失業率改善！」とはいっても実態がこれでは、なかなか景気回復とはいえませんね。

著者が予備校の教壇に立ちはじめて20年以上になりますが、2パーセント台と100万人台は、バブル後から安倍政権より前まではなかった数字です。これらを見る限り、コロナ前までの日本経済は、確実に回復してきてはいました。**2020年3月大学卒業者の就職内定率も過去最高の98.0パーセント**まできていました。

次に**女子雇用**の問題です。長らく日本では女性が不利な労働環境を強いられてきましたが、

[**女性の労働力率**]

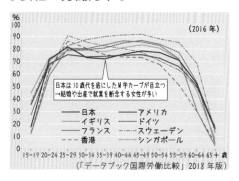

（「データブック国際労働比較」2018年版）

1986年に施行された**男女雇用機会均等法**のおかげで、ずいぶん改善されました。今日は募集や採用、昇進に関しては「差別禁止」が大原則で、セクハラ防止義務も規定されています。ただ賃金については、**労働基準法に「男女同一賃金の原則」**が規定されていますが、**いまだに男女の賃金格差がある**ことが問題視されています。さらに同法にあった「**女子の深夜労働の禁止**」は、女子雇用をさらに悪化させるとして、1997年に廃止されています。

また、労働者の権利を実質的に守る法律として、**パートタイム労働法**や**育児・介護休業法**などがあります。

そのほか、長時間労働と**ワークライフバランス（仕事と家庭生活の調和）**の問題、**ワークシェアリング**（1人あたりの労働時間を削り、多くの人で仕事を分け合う）は是か非かの問題、**外国人労働者**の労働環境・条件の問題、**高齢者の雇用悪化**の問題なども忘れてはいけません。

コレだけはおさえておこう！

・かつての日本の三大雇用慣行は、終身雇用制・[①]・企業別組合の3つであった。

・パートや派遣労働者を総称して[②]という。

・[③]とは、仕事と家庭生活の調和のことである。

答え　①年功序列型賃金　②非正規労働者　③ワークライフバランス

41 需要と供給ってどういうこと？
——市場経済のしくみと独占

❶ 需要と供給から市場価格が決まる
❷ 1社支配が独占、少数社支配が寡占

1 需要と供給から市場価格が決まる

資本主義の特色の1つは**市場経済**です。そこでは**個人や企業が利潤追求のため、市場における自由競争**を行います。

それでは「市場」とは何でしょう？

市場とは、**売り手と買い手が出会い、商品が取り引きされる場**のことです。ただし個々の商店ではなく、「売り買いがなされる場全体」のことを指します。

[消しゴム市場の需要曲線と供給曲線]

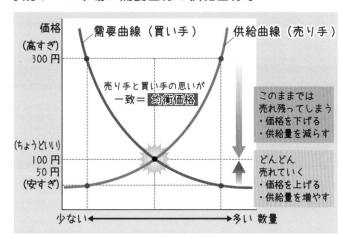

例えば「消しゴム市場」という場合、文房具店、デパートやショッピングモール、学校の購買部、ネット上の通販サイトなど、消しゴム売買がなされる場、すべてを合わせて「消しゴム市場」と考えるわけです。

そして、その**市場における売り手が「供給」、買い手が「需要」**であり、両者のバランスがとれたところで「**均衡価格（＝市場価格）**」が決まります。なお売り手と買い手は、それぞれ自分の欲望に忠実に動きますから、商品の**需要量**（＝買い手が欲しがる量）は商品が**高くなると減り、安くなると増え**ます。逆に、**供給量**（＝売り手が売りたがる量）は商品が**高くなると増え、安くなると減り**ます。

また、**需要量が多すぎると商品は品不足となって価格は上がり、逆に供給量が多すぎると商品は売れ残って価格は下がります**。これは、米不足の年に米が高かったことや、サンマの漁獲量が多い年にサンマが大安売りされるのと、同じ理屈です。

ビール市場の価格決定

日本のビール会社といえば「キリン・アサヒ・サッポロ・サントリー・その他」です。つまり日本のビール市場は、大手4社による寡占市場が形成されています。

ビール会社4社の間では、前年の売り上げNo.1の企業が「価格先導者（プライスリーダー）」となり、その年のビールの価格を決めます。するとほかの3社は、暗黙の了解で、他社と何の相談もせずその価格にサッとついていきます。

この寡占市場で形成される価格を管理価格といいます。

2) 1社支配が独占、少数社支配が寡占

ところが、そんな理屈通りにはいかないのが世の中です。例えば消しゴムメーカーが、この世にたった1社だけになった場合はどうでしょう。

その場合、その会社が「今日から消しゴムは1個1万円です！」といい出せば、消しゴムが必要な人は1万円で買うしかなくなります。だってほかに消しゴムを供給してくれるメーカーがありませんから。このように、1社が独断で価格や生産量を決めるような状態を**独占**といいます。

あるいは消しゴムメーカーが2〜3社だけになった場合も同じです。その場合はその2〜3社がまったく同じ高めの価格でそろえてしまえば独占と同じ形になり、結局消費者は高い消しゴムを買うしかなくなります。この状態を**寡占**といいます。「高めの価格でそろえる」という行為は、密約を交わしてやった場合は**カルテル**という違法行為になりますが、実際は「あうんの呼吸」で相談なしにやっているのでタチが悪いです。

独占・寡占は、市場を競争のない不健全なものにし、消費者に不利益をもたらします。そのため、日本ではそういう状態を**独占禁止法**で厳しく規制し、健全な自由競争の確保に努めています。そしてその独占禁止法がちゃんと機能しているかどうかは、「独禁法の番人」こと**公正取引委員会**がチェックしています。

PART 4

私たちの暮らしと経済

コレだけはおさえておこう！

・需要量と供給量が一致した市場価格を　①　という。

・ある市場の中で、生産や販売を1社が支配していることを　②　、ある市場の中で、生産や販売を2〜3社が支配していることを　③　という。

・独占禁止法の運用をチェックする機関が　④　である。

答え ①均衡価格　②独占　③寡占　④公正取引委員会

PART 4 ▶ 私たちの暮らしと経済

42 ただの紙なのに、1万円札に価値があるのはなぜ？
──貨幣の働きと金融

> **ここが大切！**
> ① 金融＝貨幣がある人とない人の間で融通する動き
> ② 日本の中央銀行は「日本銀行」

1 金融＝貨幣がある人とない人の間で融通する動き

　市場での商品売買は、紙幣や硬貨などの**貨幣（通貨）**を使って行われます。

　初期の貨幣は、金貨や銀貨です。金や銀の財宝的価値は、昔から世界で認められていますから。つまり昔は、金や銀という**素材価値そのものが「信用」**だったわけです。

　ところが人々は、やがて金貨や銀貨に不便を感じはじめました。重くて持ち歩きにくいからです。そこで今度は、民間の金融業者に金銀を預けて預かり証を発行してもらい、それを貨幣として使いはじめました。これが「紙幣」のはじまりです。つまり「うちに預かり証を持ってくれば、金銀と交換するよ」という金融業者の交換保証を「信用」としたわけです。それがやがて政府の交換保証となり、現在の紙幣となったのです。

　貨幣は借りて使用することもあります。**貨幣がある人とない人の間で融通し合う働きを「金融」**といいます。金融には、**企業が株式や社債（企業の発行した債券＝お金を借りた証明書）を発行して資金を提供者から直接受け取る「直接金融」**と、**銀行から資金を借りる「間接金融」**とがあり、日本では特に間接金融が盛んです。

　間接金融の担い手は「銀行」です。銀行は、主に国民から預かった預金を企業に貸し出します。企業は借り入れた金額を返済するだけでなく、貸してもらった対価として**利子（利息。払うものを利子、もらうものを利息と、使い分けることもある）**を銀行に支払わなければなりません。借りた金額に対する利子の割合を**金利**といいます。

2 日本の中央銀行は「日本銀行」

　もし、銀行が国民から預かった預金だけでは、貸し出す資金が足りないときはどうしましょう。そのときは、銀行は**日本銀行**から借りればよいのです。

　日本銀行は、日本の中央銀行（国の金融システムの中核となる銀行）です。日本銀行は、日本銀行法でそのあり方が定められている認可法人です。もともとは「国の政策に即した

98

1万円札の価値と寿命

1万円札は「1万円の商品と交換できる貨幣」ですが、実際の製造コストは約20円です。

1万円札は、2017年度だけで12億3千万枚も発行されています。これは1万円札の寿命(みょう)が4～5年程度であり、傷(いた)んだ紙幣と交換しなければならないためです。千円札はさらに使用頻度(ひんど)が高いため寿命が短く、1～2年で交換します。

ただし寿命とはいっても、日本の紙幣は最後まできれいなほうです。海外では紙幣はもっとクチャクチャで、高額紙幣の新札などを渡(わた)すと逆に「これニセ札?」と疑われます。

政策」を行うことが任務でしたが、1997年の日銀法改正により今日は**日本政府から独立した金融政策の主体となっており、最高機関である「政策委員会」が、金融政策の方針を定めます**。さらにはその独立性(いじ)を維持するため、100パーセント政府出資ではなく「政府資金55パーセント、民間資金45パーセント」の出資で設立されています。

日本の中央銀行である日本銀行には、3つの役割があります。まずは唯一(ゆいいつ)の**発券銀行**。これは紙幣、すなわち**日本銀行券**を発行する役割です。次に**政府の銀行**。これは政府の資金を預金として預かり、出し入れする役割です。最後に**銀行の銀行**。これは民間の銀行（市中銀行）に資金を貸し付けたり、預金を預かったりする役割です。

[日本銀行と民間の銀行のお金の流れ]

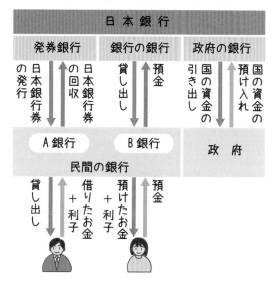

PART **4**

私たちの暮らしと経済

コレだけはおさえておこう!

・企業が株式や債券の発行で、資金の提供者から直接資金を受け取る金融のあり方を [①] という。

・資金を貸し借りしている関係で、対価として借り手が貸し手に支払うお金は [②] である。

・日本銀行が市中銀行に資金を貸し付ける働きを [③] という。

答え ①直接金融 ②利子（利息） ③銀行の銀行

43 「デフレだと物価が下がるから ラッキー」じゃない!?
──景気と金融政策

ここが大切!
❶ 物価が上がり続けるインフレ、下がり続けるデフレ
❷ 日本銀行が金融政策で景気を安定させる

1 物価が上がり続けるインフレ、下がり続けるデフレ

経済全体の動向のことを「景気」といい、これがよくなったり悪くなったりすることを好景気（好況）・不景気（不況）といいます。

好況時には、物価は上がり続けます。この**物価の継続的な上昇**をインフレーション（インフレ）といいます。なぜインフレが起こるかというと、「好況→世の中全体で貨幣増→全体的に消費が増えすぎる→品不足から物価アップ」となるからです。

しかしそうなると、インフレは大問題です。**物価が上がり続けたら、せっかくの好景気の腰を折ってしまうのです。**

「好景気なら給料も上がり続けるから、物価が上がっても大丈夫♪」──いやいや残念ながら、そうはいきません。利潤大好きな企業が、好況に比例するスピードで賃上げなんかするわけないです。ということは、あなたの月給が100万円に上がっても、そのころには缶ジュース1本が5万円ぐらいになっていて、あなたは、自販機の前で小銭を握りしめたまま、のどの渇きに苦しむことになるのです。

これとは逆に、不況時には物価は下がり続けます。この**物価の継続的な下落**はデフレーション（デフレ）といいます。これが起こる理由はインフレの逆、つまり「不況→世の中全体で貨幣減→全体的に消費が減る→売れ残って物価ダウン」という流れです。

「物価が下がるなら欲しかったものが安く買えてラッキーじゃん♪」──いやいや、これもな

[インフレーションとデフレーション]

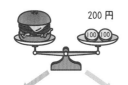

200 円

インフレーション
500 円

以前は 200 円で買えたハンバーガーが500 円出さないと買えない…。

デフレーション
100 円

以前は 200 円出さないと買えなかったハンバーガーが 100 円で買える！

▼
物価が上がった
（お金の価値が下がった）

▼
物価が下がった
（お金の価値が上がった）

ひとことポイント！ デフレマインドの怖さ

　政府は2001年、ようやく日本がデフレであることを認めました。それから20年経ちますが、いまだにデフレから脱却できていません。

　これはデフレマインドのせいだと言われています。デフレマインドとは「不況時の後ろ向きな心理」のことで、これに心を蝕まれると、せっかく景気が上向いてきても「どうせ長続きしないさ。なら消費や投資より貯蓄だ」となってしまうのです。

　つまり、日本の景気回復を日本人が信じられなくなっているため、いつまで経っても消費と生産が活性化しないのです。デフレマインド、深刻な日本の病です。

いです。そもそもなぜ物価が下がったかというと、不況でみんなの給料が下がり、誰もが消費をガマンしているからです。そのせいで世の中は売れ残りだらけとなり、企業はそれをさばくために安売りし、物価は下がるのです。つまり缶ジュースの値段が「120円→100円→80円」と下がるとすれば、それは人々が120円の缶ジュースすら買えないほどお金に困っているからなのです。

　そう考えると、日本政府が「デフレ脱却」を訴えているのもわかるでしょう。政府は「安売り反対！」と言っているのではなく、「消費と生産の活発だった、元気な日本を取り戻せ！」と言っているのです。

２）日本銀行が金融政策で景気を安定させる

　インフレにもデフレにも、悪い点があることがわかりました。ならどうすればいいか？──そうです。世の中のお金の量を、適宜調節すればいいのです。

　これを行うのが、日本銀行の金融政策です。日銀は「発券銀行」であり「銀行の銀行」ですから、世のお金の流れは「日本銀行→市中銀行→企業などへの貸し付け」となっています。なら日銀が、最上流からお金の蛇口の開け閉めをすれば、世の中の通貨量は調節され、インフレ・デフレは脱却できるはずです。

　ちなみにこの金融政策、かつては公定歩合操作（「日銀→市中銀行」への貸出金利の上げ下げ）が中心でしたが、今は公開市場操作（「日銀・市中銀行」間で国債などを売買）が主流となっています。

✏️ コレだけはおさえておこう！

・物価の継続的な上昇を　①　という。

・物価の継続的な下落を　②　という。

・今日の金融政策の主流は　③　である。

答え　①インフレーション（インフレ）　②デフレーション（デフレ）　③公開市場操作

44 小・中学生だって買い物をすれば立派な納税者！
——財政の役割と税

ここが大切！

❶ 財政は国や地方の経済活動のこと
❷ 租税には直接税と間接税がある

1 財政は国や地方の経済活動のこと

金融とは資金の借り手と貸し手をつなぐ働き、ひらたく言えば「銀行や日銀の働き」です。では**財政**とは何でしょう？

財政とは「政府の働き」、つまり国や地方の経済活動のことです。

「幸福追求権」が憲法で保障された基本的人権である以上、政府には、私たち国民を幸福にする責務があります。つまり政府は、国民生活の不平等をなくし、不足する財やサービスを、公共事業や公共サービスで提供しなければならないのです。

しかし政府や地方公共団体は、私企業と違って利潤追求をしないため、活動資金がありません。そこで政府や地方公共団体は、**国民から「租税（税金）」を徴収して、それに基づき予算を作成**します。

[**国の一般会計予算**]

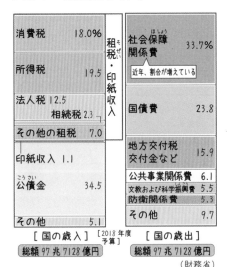

消費税	18.0%	租税・印紙収入
所得税	19.5	
法人税	12.5	
相続税	2.3	
その他の租税	7.0	
印紙収入	1.1	
公債金	34.5	
その他	5.1	

社会保障関係費	33.7%
近年、割合が増えている	
国債費	23.8
地方交付税交付金など	15.9
公共事業関係費	6.1
文教および科学振興費	5.5
防衛関係費	5.3
その他	9.7

[国の歳入]　[2018 年度予算]　[国の歳出]
総額 97 兆 7128 億円　　　総額 97 兆 7128 億円
（財務省）

そして、その徴収方法と使い道について国民の代表機関である国会でじっくりと審議した後これを議決し、**最終的に財政活動にあてる**のです。

1 年間の政府や地方公共団体の収入は**歳入**、支出は**歳出**と呼ばれます。歳入は租税収入と公債金という借金からなります。歳出には、社会保障関係費・地方交付税交付金・公共事業関係費・防衛費などいろいろな項目が並びますが、**近年は少子高齢化の進行のせいで、社会保障費の増大が懸念**されています。

国民主権の国家では、国民は政府に守られるのと同時に、自分たちの手で政治を切り盛りしていく責務もあるのです。活動費用も当然「自前」（つまり租税）。だから徴税は、国民が自らを幸せにするために発動される「強制力」と解釈できます。

ひとことポイント! 累進課税と社会保障

累進課税は「お金持ちになればなるほど多く取られる税」で、社会保障は「主に低所得者に分配する」ものです。

ならば政府は、累進課税でお金持ちからガッポリ取った税金を、社会保障で貧しい人々に回せばいいわけです。これで所得の不平等はかなり解消されます。この財政の機能を所得の再分配機能といいます。

2）租税には直接税と間接税がある

租税には**直接税**と**間接税**とがあります。直接税とは「鈴木さんが1万円納税」のように、**お金を負担する人が、自分の名前で税務署に納める税金**です（「税負担者＝納税者」になる税）。具体的には、所得に課税される**所得税**、企業に課税される**法人税**などがあり、そのうち所得税では**所得が上がれば上がるほど税率もアップ**する**累進課税制度**が採られています。

これに対して間接税は、**消費税**に代表されるように、**実際にお金を負担する人と税務署に納めに行く人が別々になる税**（「税負担者≠納税者」になる税）のことです。

例えば山田さんが文房具店で100円のボールペンを税込み110円で買ったとき、その10円の消費税は、山田さんが負担したにもかかわらず、税務署から「山田さんが10円納税」とは認識されません。納税者は「文房具店のおじさん」だからです。

この消費税は、**低所得者ほど税負担感が大きい**という問題を持っています。100万円の自動車を税込み110万円で買うとき、その消費税額10万円を安いと感じる人と高いと感じる人がいるという問題です。年収3000万円の人と年収200万円の人がこの車を買う場合、年収3000万円の人からすれば10万円は気軽に払える額かもしれませんが、年収200万円の人からすると10万円の出費は大きいのです。

直接税と間接税は性質の違う税ですが、両方うまく組み合わせて、実質的に公平な徴税にすることが求められています。

PART 4 私たちの暮らしと経済

✏️ コレだけはおさえておこう！

・政府の収入を　①　、支出を　②　という。

・納税者と税負担者が同じである税を　③　という。

・所得税は、所得が上がるほど税率が上がる　④　になっている。

45 一人あたり935万円ってなんのお金？
——政府の役割と財政の課題

ここが大切！

❶ 政府は財政政策で景気調整をはかる
❷ 企業への減税と規制緩和をする小さな政府

❶ 政府は財政政策で景気調整をはかる

日銀の金融政策同様に、実は**政府にも、世の中の通貨量を増減させる景気調整機能**があり、これを**財政政策**といいます。代表的なのは**減税と公共投資**（公共事業への支出）、つまり、まず減税で国民の使えるお金を増やし、それから公共投資で道路やダムなどの工事を通じて、民間企業に仕事とお金を供給するというものです。

しかし、不況時の景気対策にはリスクがともないます。なぜならただでさえ税収が少ないのに、さらに減税し、公共投資の支出を増やすからです。入ってくるお金が少ないのに出ていくお金が多い。そこで政府は、**国債**発行という手段に出ます。

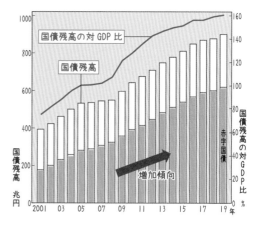

日本の国債残高と国債残高の対GDP比

（「日本国勢図会」2020/21年版）

国債とは**政府による借金証書**であり、本来は原則**「発行禁止」**。しかし不況期には、そうもいっていられません。そこで歳入不足を補うための国債である**赤字国債**を「今年だけ特別に発行させてください」という法律（財政特例法）を、わざわざ毎年つくり直して発行します。だから赤字国債のことを別名**特例国債**といいます。

しかし政府は、この「今年だけ特別に」を1975年からほぼ毎年繰り返し、赤字国債を発行し続けています。しかも公共事業用の「建設国債」のほうは、わざわざ財政特例法をつくらなくても財政法で発行が認められているため、1966年から毎年発行しています。そのせいで今日の国債発行残高はなんと1004兆円、それ以外の借金も含めたら計1189兆円です（2020年9月末現在）。これを国民一人あたりで割ると「935万円」！ 政府の借金

日銀が国債を直接買うのは禁止！

　国債には「政府が新規発行した国債を、日銀が直接買い取るのは禁止」というルールがあるため、必ずまず民間銀行に買わせます。なぜ日銀引き受けがダメなのかというと、そうしてしまうと激しいインフレが懸念されるからです。

　日銀が国債を直接引き受けるというのは、国の財政赤字を日銀がお金を出して穴埋めするということです。つまり、国から「お金が足りないからちょうだい」と頼まれて日銀が「はい、わかりました」と言って貨幣を刷る、という構図になります。そうすると、「世の中の貨幣が異常に増える→みんながお金持ちになる→消費が全体的に増え、品不足だらけになる→そのせいで物価がどんどん上がり、お金の価値が下がっていく」というふうに、インフレが発生してしまうのです。

は税金から返しますから、これはすべて私たちや子孫への**将来的な増税要素**になるのです。

② 企業への減税と規制緩和をする小さな政府

　国債をどんどん発行して公共事業を増やし、世の中の経済活動に政府が積極的に介入するやり方を**大きな政府**といいます。しかしこれで成果が出なければ、不景気のまま国債残高だけ増えてしまいます。かつて、バブル崩壊直後の1990年代の日本がそうだったのです。そこで今日は、それとは違った**小さな政府**が模索されています。

　小さな政府とは「政府の役割を最小限にとどめる」あり方です。この場合、国民の納税負担や政府の借金は小さくなるかわりに財政のあり方も変わり、財政政策は公共事業ではなく、企業に対する**減税と規制緩和**が中心になります。まず政府は、法人税を減税して企業の税負担を軽くし、さらに規制緩和（政府がつくったさまざまな禁止・制限事項の解除）を実施して、企業が自由に動き回れる経済環境をつくります。これなら**環境整備だけで景気の活性化につなげられるうえ、国債も相当減らすことができます。**

✏️ コレだけはおさえておこう！

・代表的な財政政策は、[　①　]と[　①　]の２つである。

・赤字国債のことを別名[　②　]という。

・「小さな政府」の財政政策は[　③　]と[　③　]を中心としている。

答え　①減税／公共投資　②特例国債　③減税／規制緩和

46 「健康で文化的な最低限度の生活」は誰もが送れる
──社会保障のしくみ

> **ここが大切！**
> ❶ 社会保障は1942年のイギリスで確立した
> ❷ 社会保険、公的扶助、社会福祉、公衆衛生の四本柱

1 社会保障は1942年のイギリスで確立した

　貧困・老齢・病気・失業……。世の中には、個人の努力だけでは乗り越えることのできない試練が数多くあります。そして世の多くの人々は、みんなが何らかの生活不安を抱えています。そんなとき、国があなたと不安のクッションになってくれれば、素晴らしいと思いませんか？　社会保障とは、**国が私たちの生活不安を解消し、健康で文化的な最低限度の生活を保障してくれる制度**です。

　とはいえ、こんなに気の利いた制度、大昔にはありませんでした。なぜなら**生存権を軸とする社会権は、20世紀に誕生した権利**だからです。19世紀にドイツの宰相・ビスマルクによる**アメとムチ**（社会保険の導入と社会主義者の弾圧）も、生存権の保障ではなく「労働者の懐柔」、つまり、労働者を弾圧しすぎて革命が起こると困るため、弾圧と同時に保護政策も採っているだけの「不満のガス抜き」でした。

　生存権が世界の憲法に初めて登場したのは、P33でも述べたように1919年ドイツのワイマール憲法からですが、**生存権に基づく本格的な社会保障は、1942年のイギリス・チャーチル政権時の「ベバリッジ報告」から**です。このとき示された「ゆりかごから墓場まで」という言葉は、そのまま今日の世界の社会保障の基本となっています。

2 社会保険、公的扶助、社会福祉、公衆衛生の四本柱

　社会保障には、4つの柱があります。まずは**社会保険**。これは**万が一への備え**として月々保険料を支払うことで、いざ病気やけがのときに治療費が安くなったり、歳をとったときに年金がもらえたりする制度です。

　具体的には、病気やけがに備える**医療保険**、老齢者や障がい者の生活を支える**年金保険**、かつて失業保険と呼ばれた**雇用保険**、労働災害に備える**労災保険**、そして介護が必要になったときに備える**介護保険**の5つです。

日本初の社会保障

日本で最初の社会保障は、1874年よりはじまった恤救規則です。

これは、ひらたく言えば生活保護なのですが、生存権が確立していなかった19世紀の話ですから、権利ではなく「恩恵としての生活保護」という考え方でした。

権利ではないため言葉遣いに遠慮がなく、対象者の心をグサグサと刺します。要約すると「家族・近隣による相互扶助すら期待できない"天涯孤独の極貧者"のみ、恩恵で救済してやる」というものです。お金はもらえても、心の傷は深まってしまいそうです。

次に公的扶助。これは生活保護のことです。その受給者数は、かつては1951年の205万人が最高でしたが、世界金融危機の余波で、2011年以降はその数字を超えています。2015年にはピークの216万人に達し、その約半分が高齢者世帯です。

ちなみに、近年話題の生活保護費の不正受給とは、「こっそり預貯金・理由をつけて働かない・所得がないと偽る」などのパターンがあります。バレると詐欺罪で逮捕されることもありますので、絶対にやってはいけません。

それから社会福祉。これは社会的弱者の救済です。社会福祉もかなり大事な社会保障ですが、近年は少子高齢化のため、歳出の社会保障関係費の多くが「医療と年金」に割かれてしまい、福祉予算が足りないという問題が起こっています。

最後は公衆衛生。これは国民の健康の維持・促進を目指す社会保障で、感染症の予防や水質管理など、主に保健所がやるような仕事を担当します。

[日本の社会保障制度]

種類	内	容
社会保険	医療（健康）保険 年金保険 雇用（失業）保険 労災保険 介護保険	加入者や国・事業主が社会保険料を積み立てておき、必要なとき給付を受ける。
公的扶助	生活保護 （生活・住宅・ 教育・医療 などの扶助） など	収入が少なく、最低限度の生活を営めない人に、生活費などを給付する。
社会福祉	児童福祉 母子福祉 障がい者福祉 高齢者福祉 など	働くことが困難で社会的に弱い立場の人々に対して、生活の保障や支援のサービスをする。
公衆衛生	感染症予防 予防接種 廃棄物処理 下水道 公害対策 など	国民の健康増進をはかり、感染症などの予防を目指す。

✏ コレだけはおさえておこう！

・1942年、イギリスで発表された ［ ① ］ で、今日の社会保障の基本が示された。

・社会保障の四本柱とは、［ ② ］ ［ ② ］ ［ ② ］ ［ ② ］ の４つである。

47 月6万円で暮らせるかな？老後の年金問題
──年金と少子高齢化

> **ここが大切！**
> ① 公的年金には国民年金と厚生年金がある
> ② 少子高齢化は社会保障に影響を与える

1) 公的年金には国民年金と厚生年金がある

老後の生活を支える命綱となるものが、**年金**です。

ところが日本では、その年金額が泣けてくるほど少ないです。例えば自営業・自由業・農家の方たちが加入できる公的年金は**国民年金**のみですが、この国民年金の満額支給額が、2020年度で月額たったの6万5141円です。20～60歳まで、毎月毎月40年間も安くない保険料（2020年度の保険料は月1万6540円）を払い続けた結果、老後にもらえる年金額がアパートの家賃分ぐらいにしかならないって、どういうことでしょう？ これでは全然「最低限度の生活費」になっていません。

ちなみに、年金制度の改革は国会議員の仕事ですが、国会議員には2006年まで**議員年金**というものがありました。これは月々10万円ぐらいの保険料を10年払い続けると、在職10年で月額34万円、在職25年で月額45万円程度が支給されるという、驚きの高額年金です。現在は廃止されましたが、それまでに加入していた議員たちには今なお受給資格があります。

サラリーマンや公務員には**厚生年金**が支給され、こちらは平均支給額が14.7万円（2020年度末時点）なので多少はマシになりますが、こちらは現在**もらいはじめの年齢が60歳→65歳に段階的に繰り上げ**られている最中です。

ちなみに、**公務員用の年金だった共済年金は、2015年10月に廃止され、厚生年金に一本化**されました。

2) 少子高齢化は社会保障に影響を与える

現在日本では、他国にはない速さで**少子高齢化**が進んでいます。このままだと、**税や保険料を負担する現役世代は少ない**のに、**年金や医療などの社会保障給付を受ける人が増えて**しまうため、世代間の不公平や財源不足が懸念されます。

ひとことポイント！ 年金の不正受給とは？

生活保護費の不正受給と比べ、年金の不正受給ははるかに怖いです。

年金の不正受給とは、年老いた両親が亡くなった後も年金をもらい続けるなどの形ですが、これには2つのパターンがあります。まず1つは、ちゃんと死亡届を出したのに、市（区）町村から日本年金機構への連絡に不備があり、死亡後も振り込まれ続けるパターンです。これを知らないふりをしてもらい続けると、詐欺罪になります。

そしてもう1つは、なんと市役所に死亡届を出さず、死体と一緒に何十年も暮らし続けるパターンです。これは詐欺罪と戸籍法違反となり、もちろん即逮捕です。

対策としては、2000年から実施された**介護保険制度**で**医療と介護を分離**し、医療保険以外に新たに**40歳以上の全国民から介護保険料を取る**やり方や、働く高齢者に対する年金支給額の減額（2017年より開始）、2019年10月からの消費税の増税（8→10パーセ

[高齢者1人を支える現役世代の人数]

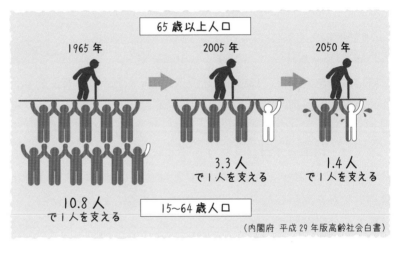

（内閣府 平成29年版高齢社会白書）

ント）、人口維持と現役世代を増やすための移民の受け入れ（内閣府は2014年に、人口維持のためには年20万人の移民が必要と発表）などが考えられます。

そのほかにも、不況対策・育児休業・待機児童対策など、やるべきことを数え上げたらきりがありません。このように、少子高齢化の進行は、社会保障のあり方と社会そのもののあり方に、大きく影響するのです。

PART 4

私たちの暮らしと経済

✏️ コレだけはおさえておこう！

・公務員用の年金だった共済年金は、2015年に ① に一本化された。

・2000年、「医療と介護の分離」を目指し ② が導入された。

・人口維持と現役世代の増加のため、 ③ の受け入れが検討されている。

答え ①厚生年金 ②介護保険制度 ③移民

48 「昔の日本はよかったなあ」って、本当に？
──公害の防止と環境の保全

ここが大切！

❶ 高度経済成長の中で公害問題が発生した
❷ ごみを減らし再活用する循環型社会を目指そう

1) 高度経済成長の中で公害問題が発生した

　経済規模の拡大は、地球環境にとって敵です。私たちは普通にモノをつくり、普通に暮らしているだけのつもりでも、図体が徐々に大きくなる者の「普通」はいつの間にか「異常」となり、自分では気づかないうちに、周囲に多大なる迷惑をかけてしまいます。

　例えば、横綱やプロレスラーが小学校の同窓会に出席して30年ぶりに懐かしい級友たちと再会し、「おー、久しぶりー」とはしゃいで小学生のときと同じ感覚で握手・ハグ・肩パンなどを交わしたら、同窓会場は大惨事になります。

　日本の**公害問題**は、最初はこうして起こりました。戦後の高度経済成長期、経済発展に夢中になっているうちに、気がついたらいつの間にか、**大気汚染や水質汚濁、土壌汚染、騒音、振動、地盤沈下に悪臭（いわゆる「典型7公害」）が発生**していたのです。

　ここまでは仕方がないです。最初はみんな自分の成長速度に気づかず、無自覚に迷惑をかけがちですから。しかしその後がよくありませんでした。企業は自分たちの公害垂れ流しを自覚しながらも、収益が伸びる誘惑に勝てず、ついつい「気づかないふり」をしてしまったのです。しかも**政府も、日本の経済発展を優先させて「見て見ぬふり」**を続けました。その結果、高度経済成長が進むにつれて、国民は**四大公害病（四日市ぜんそく・イタイイタイ病・水俣病・新潟水俣病）**に苦しむことになったのです。

　これらの四大公害裁判は、住民側（原告）が企業（被告）を相手取り、1960年代後半にいっせいに提訴され、1970年代初頭に**すべて原告勝訴**の判決が出ています。

　この裁判がはじまったころから、政府や国会はようやく本格的な公害対策に乗り出しました。まず国会は、1967年に**公害対策基本法**を制定し、公害対策の中心立法としました。続いて1970年には、公害関連の法律を整備するための臨時国会（いわゆる**公害国会**）を召集し、14本もの法律を制定または改正しました。そしてそのときの法整備で、1971年には、公害防止と環境保全を目指す新しい中央省庁である**環境庁**が設置されました（2001年より「環境省」へ組織改編）。さらには1993年、前年の国連環境開発会議（地球

光化学スモッグにご注意！

著者が小学生のころ、よく光化学スモッグ注意報というものが出ていました。光化学スモッグとは、大気汚染のせいで周囲にもやがかかったようになるスモッグです。これが発生したときは、小学校の校旗掲揚台に黄色い旗が上がります。これがあるとみんな外で遊ぶのをやめ、校舎や家の中に入るのです。教えてくれるのはありがたいですが、本質的な解決ではありません。「不審者がうろついているので、児童のみなさん家に入ってください」じゃなく、うろつかせるな、ですよね。

サミット）を受け、公害対策基本法をより発展させた**環境基本法**を制定しました。

② ごみを減らし再活用する循環型社会を目指そう

そのほか、環境を守るためには、**省資源・省エネルギー政策**などで資源・エネルギーの浪費を抑えるほか、「ごみを減らす」努力も必要です。そこで大切になってくるのが**循環型社会**の形成です。

循環型社会とは、**ごみを資源として再活用することで天然資源の消費を抑え、環境への負荷を小さくしていく社会**のことです。この考えに基づいて、政府は廃棄物処理の優先順位を「**3R（リデュース**〈発生抑制〉→**リユース**〈再利用〉→**リサイクル**〈再生利用〉。近年はここに**リフューズ**〈不要なものを「断る」〉を加え、「**4R**」ともいう）」で表し、**家電リサイクル法**などの各種リサイクル関連法を制定しています。

[**3Rで循環型社会を目指す**]

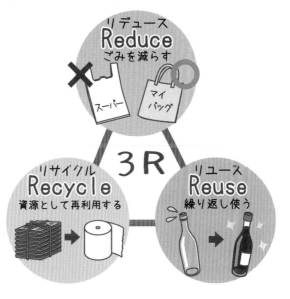

✏️ **コレだけはおさえておこう！**

・四日市ぜんそく、イタイイタイ病、水俣病、新潟水俣病を ［ ① ］ という。

・公害対策の発展的な法律として、1993年に ［ ② ］ が制定された。

・ごみを資源として再活用することで天然資源の消費を抑え、環境への負荷を小さくしていく社会を ［ ③ ］ という。

PART 4 ▶ 私たちの暮らしと経済

49 「日本も昔はすごかった」 ……って、過去形なの!?
——グローバル化と日本の貿易

ここが大切!

❶ 通貨と通貨の交換比率＝為替相場

❷ 日本は貿易黒字から貿易赤字へ転落した

① 通貨と通貨の交換比率＝為替相場

　外国との貿易には、円とドルの交換といった**通貨と通貨の交換**が必要になります。この**交換比率**を「**為替相場（為替レート）**」といいます。ここで**円高・円安**という言葉が出てくるのですが、まずはその意味を考えてみましょう。

　例えば2021年4月現在、為替相場は「1ドル＝110円」ですが、1950〜60年代の高度経済成長期、為替相場は「1ドル＝360円」でした。さあそれぞれ円安、円高のどちらでしょうか？

　答えは**110円が円高、360円が円安**です。

　円高とは、ほかの通貨に対して円の価値が高くなること、円安はその逆で、円の価値が低くなることをいいます。つまり、アメリカ人目線で見れば、

[円高、円安の意味]

チョコレートが1個1ドルで売られていて、あなたは300円持っています。

1ドル＝100円のとき、300円は3ドルになるから…
3つ買える

1ドル＝75円の円高になると…

300円は4ドルになるから4つも買える
（円の価値が高い）

1ドル＝130円の円安になると…

300円は約2.3ドルになるから2つしか買えない
（円の価値が低い）

「（円は価値が高いから）110円もくれれば十分。1ドルと交換してあげる」

「（円は価値が低いから）360円はくれないと1ドルと交換してあげられない」

となるのです。つまり「**円高＝日本のモノは高い、円安＝日本のモノは安い**」です。

　具体例で考えましょう。アメリカ人のジェフが、1ドル札を持って日本の回転寿司屋に行くとします。まず円高のとき、彼が1ドルを出しました。すると寿司職人は、110円の「コーン軍艦」を出してくれました。え、円高だと1ドルじゃこれしか食べられないの？日本のお寿司は高いですね。ところが円安のとき、同じように1ドルを出すと、今度は360円の「本マグロ3貫」が出てきました。同じ1ドルなのに、今度は脂がのった大トロに中トロ、赤身って、とっても豪華！円安だと日本のお寿司は安くなりますね。

これは、貿易にそのままあてはめられる考え方です。つまり、

・円高＝（日本のモノが高いから）**輸出に不利**

・円安＝（日本のモノが安いから）**輸出に有利**

となるわけです。日本は工業製品の輸出が得意な国ですから、それだけ考えれば、**円安で輸出に有利になったほうが、利益を上げやすい**ということになります。

②日本は貿易黒字から貿易赤字へ転落した

　日本は戦後、徐々（じょじょ）にいい工業製品をつくれるようになり、原材料を輸入して工業製品を輸出する**加工貿易**（みが）に磨きをかけ、貿易黒字を順調に伸ばしました。1970年代初頭から為替相場は円高になりますが、それでも**人件費の安いアジア諸国へ工場を移転**したり（このときは国内から工場が消える**産業の空洞化**（くうどう）が新たな問題となりました）、**安さではなく「品質のよさ」を競争力**にしたりして、貿易黒字を積み重ねていったのです。

[日本の貿易収支の推移]

リーマンショック

貿易収支　──輸出　──輸入

東日本大震災

2000 01 02 03 04 05 06 07 08 09 10 11 12 13 14 15 16 17 18 19年
（財務省）

　ところが、2008年のリーマンショック（アメリカのバブル崩壊（ほうかい））や2011年の東日本大震災（しんさい）あたりから貿易赤字の年が増え、かわりに**海外投資の収益やインバウンド（訪日外国人旅行者）から得られる収益は増えました**。日本の産業構造は、今まさに変わりつつある最中です。

✏ コレだけはおさえておこう！

・通貨と通貨の交換比率を　[　①　]　という。

・原材料を輸入して工業製品を輸出する貿易を　[　②　]　という。

・海外に工場が移転したせいで国内から工場が消える現象を　[　③　]　という。

答え　①為替相場（為替レート）　②加工貿易　③産業の空洞化

50 GDPが示すのは「豊かさ」ではなく「お金の動き」
──豊かさと経済

❶ お金で買えない真の豊かさも大切

❷ 地域の資源に目を向けよう

❶ お金で買えない真の豊かさも大切

GDP という言葉は、ニュースなどで聞いたことがあると思います。しかし GDP がどういうものなのかは、おそらくほとんどの人が説明できないのではないでしょうか。

GDP は、**国内総生産**を意味します。国内総生産とは**1 国内で 1 年間に生み出された財・サービスの合計金額**のこと。つまりわかりやすく言うと「**1 年間の日本全体の商品の売上金の合計**」みたいなものです。

日本はこれを、年間約500兆円も稼いでいますが、なぜか心が満たされません。国債残高が多すぎるせい？──確かに日本には、**2 年分の GDP を全額返済にあてても返しきれない借金**があります。でもそういう問題ではなく、いくらお金を稼いでも、お金じゃ買えないものがあるって話です。

格好いいことを言いましたが、実際その通りです。**GDP は「金銭的な豊かさ」のモノサシにはなりますが、「真の豊かさ」のモノサシにはなりません。**世の中には、お金には代えられない価値だってあるのです。

例えば**家事労働やボランティア**。これらは、いかに実生活を豊かにしてくれても、お金を出して売買するものでない以上、GDP には計上されません。GDP

[GDP の世界ランキング（2018年）]

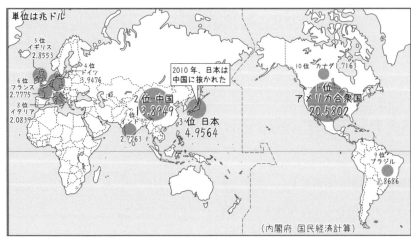

単位は兆ドル

5位 イギリス 2.8553
4位 ドイツ 3.9476
6位 フランス 2.7775
8位 イタリア 2.0839
2位 中国 13.8949
7位 2.7263
2010 年、日本は中国に抜かれた
3位 日本 4.9564
10位 カナダ 1.7163
1位 アメリカ合衆国 20.5802
9位 ブラジル 1.8686

（内閣府 国民経済計算）

ひとことポイント！

1人あたりGDPの上位国は……

2020年時点で、世界のGDPトップ3は「1位アメリカ、2位中国、3位日本」です。日本は1968年以来、2位であることがずっと誇り（ほこ）でしたが、2010年に成長著（いちじる）しい中国についに抜（ぬ）かれてしまいました。

しかしこれが「1人あたりGDP」になる

と「7位アメリカ、31位日本、77位中国」です。特に中国の77位はすごいですね（さすが「÷14億人」）。1人あたりGDPの上位陣（じん）は顔ぶれが大きく変わって「1位ルクセンブルク、2位シンガポール、3位カタール、4位アイルランド、5位スイス」となります。全部人口の少ない国や地域（ちいき）です。

はあくまで「売上金の合計」ですから。

それから「美しい景観」。これもお金で買えない豊かさです。さらには人とのふれ合いや伝統ある文化、安心して暮らせる社会など、全部お金で買えない豊かさです。

どの国でも、金銭的に豊かになるにつれてこれら「真の豊かさ」のほうは失われがちになります。しかし、どちらも豊かにしていくことが、真の意味での「豊かな社会」には必要です。

② 地域の資源に目を向けよう

真の豊かさを手にするためには、当然今までのような物質的な豊かさのみを追い求めるあり方を改めなくてはなりません。それでは、私たちはどうしたらいいのでしょう？　どうやら私たちは、経済発展の中で足元を見なさすぎたようなので、これからは**地域社会に目を向ける**ことが大事になりそうです。

例えば「まちづくり」への住民参加のあり方として、市民が主体となって組織する**非営利組織（NPO）**やボランティアの協力を仰（あお）いだり、方向性を住民投票で決定したり、みんなで環境（かんきょう）や景観の保全活動を行ったり、地域の特産品をつくったりするのです。

こういった地に足の着いた活動を通じて、人とのつながりや住環境を取り戻（もど）すことが、真の豊かさには大切なのです。要は私たちは、お金に目がくらんで、浮足（うきあし）立っていたのです。

PART
4
私たちの暮らしと経済

✐ **コレだけはおさえておこう！**

・1国内で1年間に生み出された財・サービスの合計をアルファベットで ① という。

・市民が主体となって組織する非営利組織を ② という。

答え　① GDP　② NPO

51 日本領なのに ビザが必要な場所がある!?
――国際社会における国家

1 国家の三要素＝国民・領域・主権

国家の三要素とは「**国民・領域・主権**」、つまり「人と範囲と支配権」です。ここでは領域と主権についてお話ししましょう。

まず領域とは、**その国の支配権の及ぶ範囲**のことで、**領土・領海・領空**からなります。領土は大地、領海は基線（干潮時の海岸線）から**12海里**（1海里＝1852メートル）の海の範囲、そして領空は**領土と領海の上空**です。ただし、海には**排他的経済水域**という幅があり、たとえ領海を超えていても、**基線から200海里までの資源は、沿岸国が他国からの干渉を受けずに独占でき**

[日本の排他的経済水域]

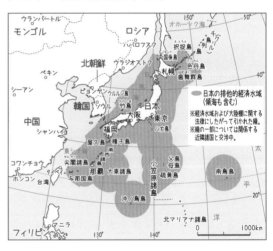

ます。日本のように海に囲まれた島国は、排他的経済水域が非常に広くなります。そのため日本は、国土面積こそ世界で61位ですが、領海と排他的経済水域を合わせた海洋面積は世界6位、実に国土の12倍もの広さを誇っているのです。

また、ここでの主権はP36で出てきた「3つの意味」のうち、**領土不可侵**と**内政不干渉**になります。特に内政不干渉は重要で、これがあるため国家は他国の支配や干渉を受けずにすむのです。

2 日本の領土問題＝竹島問題・北方領土問題・尖閣諸島問題

ところが近年、日本の主権は他国から干渉されており、領土不可侵と内政不干渉が怪しくなっています。**領土問題**です。日本が現在、事実上抱えている領土問題は、**竹島問題・**

ひとことポイント！ 国際政治は「性悪説」の世界

政治学では、国際社会は「性悪説」の世界です。常に最悪の事態を想定しておかないと、統治に必要な予防策など立てられないからです。平和がずっと続くなら「性善説」が理想ですが、残念ながら人類の歴史は「他国を信頼すると痛い目をみるよ」の連続です。

日本人は、島国という特殊性（地理的に侵略されにくい）と儒教の道徳観のせいで、他国よりも国際社会を善意で捉えがちです。しかしそれは優しさではなく、経験値の低さともいえるでしょう。「自分が優しいから他国も優しいはず」は「美しい心」ではなく「想像力の欠如」です。日本人に必要なのは、「人を見たら泥棒と思え」という国際感覚かも。

北方領土問題・尖閣諸島問題の３つです。

竹島問題は、日本と韓国の領有権トラブルです。日本政府は竹島を「**日本固有の領土だが、現在は韓国による不法占拠中**」と捉えています。この不法占拠は2017年に大統領に就任した文在寅政権でも変わっていません。

北方領土問題は、日本とロシアの領有権トラブルです。北方領土とは北海道の**歯舞群島・色丹島・国後島・択捉島**の四島で、ここも竹島と同じく日本政府は「**日本固有の領土。ロシアが不法占拠中**」というスタンスです。1956年の**日ソ共同宣言**で、「**将来、平和条約を結んだら、歯舞群島・色丹島の二島を返還する**」という約束になっていますが、2020年現在、まだ平和条約は結ばれていません。それどころかロシア政府は2017年、「北方領土を経済特区に指定」しました。これは「返還の意思なし」と解釈できるため、今後さらに日ロ間の溝が深まる可能性があります。

尖閣諸島問題は、日本と中国の領有権トラブルです。ここでは日本政府は「**東シナ海に領土問題は存在しない**」という強気な姿勢を示していますが、これは2012年に当時の野田首相（民主党政権）が行った**尖閣諸島の国有化宣言**を受けてのものです。しかしこの宣言に中国は猛反発し、その後東シナ海では中国と海上保安庁巡視船の小競り合いがさらに多発しています。現在海上保安庁は「尖閣専従部隊」を用意して警戒を強めています。

[北方領土問題の歴史]

✐ コレだけはおさえておこう！

・国家の三要素とは、　①　・　①　・　①　である。

・歯舞群島・色丹島・国後島・択捉島の　②　でロシアと領土をめぐる問題が起きている。

・一切の資源を手にできる、領海を除く沿岸から200海里までの範囲を　③　という。

答え ①国民／領域／主権　②北方領土　③排他的経済水域

52 国連って役に立っているの？
——国際連合のしくみと役割

ここが大切！
❶ 世界の平和を目指す国際連合（国連）
❷ 安保理の機能不全などの課題もある

1 世界の平和を目指す国際連合（国連）

国際社会は昔から紛争が絶えないため、相手の善意を期待しない辛口で現実的な平和維持方法が模索されてきました。

初期に考案されたやり方は**勢力均衡方式**です。これは「**軍事同盟同士がにらみ合う**」というやり方で、うまくバランスがとれればお互い一歩も踏み出すことができず、戦争は回避できます。しかし、いったんバランスが崩れたら、たちまち大戦争に発展します。この失敗で私たちは第一次世界大戦を経験しました。

[国際連合の主なしくみ]

そこで次に考案されたのが**集団安全保障方式**です。これはいわゆる"国連型"の安全保障で、「**全員で同じ組織に入り、平和の敵には集団制裁を**」というやり方です。この考え方に基づき、私たちは第一次世界大戦後に**国際連盟**をつくりました。

しかし国際連盟には、３つの大きな欠点がありました。「**経済制裁のみ・全会一致制**（意思決定が遅い）・**大国の不参加**（アメリカなど）」です。これらの欠点のせいで強力な組織になり得ず、結局、第二次世界大戦を防げませんでした。

第二次世界大戦後、それらの不備を補う形でつくられたのが**国際連合（国連）**です。今度は「軍事制裁もあり・多数決が原則・ほとんどの国（193カ国）が参加」ですから、万全のはずです。そのうえで、**最高機関を「総会（全加盟国が参加）」、安全保障の中心機関を「安全保障理事会（安保理）」**とし、鳴り物入りで世界平和を目指しはじめたのです。

ひとことポイント！　国連職員の給料

　国連は予算規模が小さいから、当然給料も安いのかと思いきや、意外とそうでもないです。職種や地位にもよりますが、だいたい年500～1000万円ぐらいもらえます。

　でもそうなると、人件費のせいでますます世界平和の予算が削られ、人類としては気が気でありません。

②安保理の機能不全などの課題もある

　国際連合の第一の役割は、国際紛争の解決と平和維持です。平和をおびやかす行動をとる国に対して経済措置や軍事制裁などをとり、国際紛争の解決をはかっています。なかでも、紛争後の平和の実現のために、停戦を監視して戦争の再発を防ぐ活動を<u>平和維持活動（PKO）</u>といい、これには日本も参加しています。

［中東・ゴラン高原でのPKO に参加する自衛隊］

　さてその国際連合ですが、ここにもまた、国際連盟時代とは違った問題点がいくつもあります。なかでもいちばんの問題点は、**安全保障の中心機関である安保理が、しばしば機能不全を起こしてしまう**点です。

　安保理の**常任理事国**（米・英・仏・中・露）には**拒否権**が与えられていて、制裁決議のような重要な案件は、１カ国でも反対すると可決できません。ということは、もしも拒否権の乱発などがあると、**制裁決議がほとんど出せなくなってしまう**のです。

　「予算規模の小ささ」も課題となります。国連の2020年度予算は約30億ドル。これは日本円に換算するとわずか3100億円、なんと「足立区の予算」とそう変わりません。

　足立区に世界平和を担わせるのは、かわいそうです。「世界の平和は足立区が守る！」は、さすがに荷が重すぎます。国連はご当地ヒーローではありません。

　そのほかにも、国連分担金の未払い国が多い、総会の決定に拘束力がないなど、まだまだ国連には問題点が山積みです。

コレだけはおさえておこう！

・全加盟国が１つの組織に属し、平和の敵に集団制裁を加えるやり方を　①　という。

・国際連合の最高機関は　②　だが、安全保障の中心機関は　③　である。

・③の常任理事国が持つ、常任理事国が１カ国でも反対すると決議できない権利を　④　という。

PART 5 地球社会と私たち

答え　①集団安全保障方式　②総会　③安全保障理事会　④拒否権

119

53 こんなはずじゃなかった……EUよ、どこへ行く？
——地域主義の動き

ここが大切！

① ヨーロッパ連合（EU）が目指すのは通貨と政治の統合
② イギリスでは EU 離脱賛成派が多数を占めた

① ヨーロッパ連合(EU)が目指すのは通貨と政治の統合

経済のグローバル化が進み、各種結びつきが世界規模で拡大する一方、**地域の結びつきを大事にする取り組み**もあります。いわゆる**地域主義（リージョナリズム）**の動きで、その代表格が**ヨーロッパ連合（EU）**です。

EU の前身にあたる**ヨーロッパ共同体（EC）**は、1967年に設立されました。かつてナチスがいたドイツとの戦争を回避するための枠組みや、戦後復興の協力体制づくりを目指す組織などが、1つに束ねられたものです。

[欧州議会]

EC が目指したのは**アメリカに匹敵する経済エリア**をつくること。そのため彼らは、西欧の多くの国が集まって**単一国家同様の経済体制をつくる**ことに努力し、ついに1993年、EC 加盟国の間では**「人・モノ・金・サービスの自由移動」**ができる**「市場統合」を実現**させたのです。これにより、**EC 加盟国間では関税やパスポートチェックが廃止**され、人やモノの動きがより円滑になりました。

こうなると、**みんなで同じ通貨を使ったほうが、人やモノの動きはより活性化**します。そこで1992年に**マーストリヒト条約**が調印され、**EC は EU（ヨーロッパ連合）に生まれ変わりました。**

EU が目指すものは**通貨と政治の統合**です。もともと EC 時代から欧州議会はありましたが、その後は外交や安全保障でも共同歩調をとり、より単一国家に近づきます。そして1999年には、ついに単一通貨**ユーロ**が誕生し、**EU 加盟国ではイギリスなど一部を除き、どの国もこのユーロという共通通貨を使うことになった**のです。

しかしそうなると、ユーロには財政状況のおかしな国は参加できません。なぜなら、

EU以外の地域統合

EU以外にも、地域的経済統合の動きはあります。「北米自由貿易協定（NAFTA）」や「東南アジア諸国連合（ASEAN）」「アジア太平洋経済協力会議（APEC）」「南米南部共同市場（MERCOSUR）」などです。ただどれもEUほど入念に準備したものではなく、「地域の貿易自由化が少しでも進めばいいなあ」という思惑でつくられたものです。

みんな同じ通貨を使う以上、1国が転べば、ほかのすべての加盟国に迷惑がかかるからです。そのためユーロは導入条件が厳しく、例えば日本のように巨額の財政赤字を抱える国があったとしたら、一発で審査に弾かれます。

②イギリスではEU離脱賛成派が多数を占めた

しかし2009年、EUでまさにそのような事態が発生しました。**ギリシャ危機**です。**ギリシャが巨額の財政赤字を隠していたことが発覚し、一時ユーロの信用が大きく揺らいでしまった**のです。

そのほか、2004年の**EU憲法条約の否決**も、EUを大きく動揺させました。**フランスとオランダが同条約の受け入れを、国民投票で否決**したのです。確かに人の移動が円滑になれば、ほかの加盟国から安い労働力が流入し、その分フランスの雇用が悪化します。

そして2016年、**イギリスで国民投票があり、EU離脱賛成派が多数を占めました**。難民受け

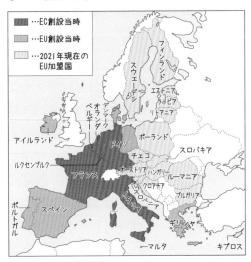

[EU加盟国]

…EC創設当時
…EU創設当時
…2021年現在のEU加盟国

入れやギリシャ救済などをなんでも「みんなで分担」する方式にイギリス国民が「NO」を突きつけ、結局この国民投票の結果を受け、2020年に離脱を決定。そして1年間の移行期間を経て、ついに**2021年、イギリスはEUから正式に離脱**したのです。

コレだけはおさえておこう！

・地域の結びつきを大事にし、協力体制を強化する動きを　①　という。

・EU加盟国の多くで流通している共通通貨を　②　という。

・2016年、　③　での国民投票で、EU離脱賛成派が勝利した。

PART 5 地球社会と私たち

54 NIESにBRICS、もはや途上国じゃない！
──新興国の台頭と経済格差

❶ 南北問題＝先進国・途上国間の経済格差の問題
❷ 南南問題＝途上国間の経済格差の問題

①南北問題＝先進国・途上国間の経済格差の問題

先進国と途上国の間の経済格差の問題を南北問題といいます。

もともとの原因をつくったのは、先進国です。**先進国がかつて途上国を植民地支配**した際、自分たちのほしい商品だけつくることを強要したのです。そのため途上国の中には、「サトウキビしか採れない国」や「銅しか掘れない国」のような、いびつな経済構造の国が生まれてしまったのです。このように、**特定の農産物や地下資源に依存する経済構造をモノカルチャー経済**といいます。

[南北間の格差問題]

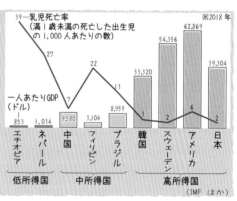

経済がモノカルチャー化すると、貿易収支が不安定になります。なぜならそれらの国には、主要産業の代わりとなる産業がないため、ハリケーンや銅の国際価格の暴落があるだけで、GDPが消し飛んでしまうからです。

途上国がこういった状況に陥ったのには、先進国の責任もありますから、何かしら手を尽くさなければなりません。そのための取り組みとして、国連総会は1964年、UNCTAD（国連貿易開発会議）を設立しました。ここは**途上国の要求を先進国に伝えるための場**です。

また、俗に「先進国クラブ」と称される OECD（経済協力開発機構）の下部機関として DAC（開発援助委員会）が設立され、**先進国から途上国への援助である「ODA（政府開発援助）」の実施目標などが立てられる**ようになりました。さらには、戦後復興資金の貸付を業務としていた**国際復興開発銀行（俗に「世界銀行」）**も、その役割終了とともに次第に途上国への貸付にシフトし、途上国経済を支える機関になっています。

このままだと日本も負ける!?

BRICS のすさまじい成長速度を考えると、このままでは日本も遠からず負けます。実際すでに2010年には、中国が日本の GDP を抜き、世界2位に躍進しました。

図体のでかい奴らとまともに力比べをして

も負けてしまいます。技で勝負しましょう。今後の日本は技術力に磨きをかけつつ、マンガ・アニメ・ゲームなどの「クールジャパン」で勝負すべきではないでしょうか。そうすれば、あと30年は尊敬される国でいられるでしょう。

② 南南問題＝途上国間の経済格差の問題

一方南北問題とは別に、**途上国間の経済格差**の問題もあります。**南南問題**です。

ひとくちに途上国といっても、いろいろあります。例えば最貧国とも呼ばれる**後発開発途上国（LDC）**。これは途上国の中でも特に貧しい国々で、アジアやオセア

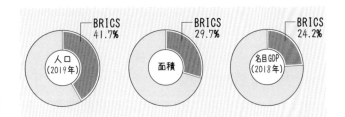

[世界における BRICS]

BRICS 41.7% 人口（2019年）
BRICS 29.7% 面積
BRICS 24.2% 名目GDP（2018年）

（IMF ほか）

ニアなどにも数カ国ずつありますが、その大半にあたる33カ国は、サハラ以南のアフリカにあります。

これに対し、途上国の中でも豊かなのが **NIES（新興工業経済地域）**です。これは、途上国の中でもめざましく伸びてきた国や地域で、特に**アジア NIES の香港・台湾・韓国・シンガポール**の台頭が目立ちます。

そして近年注目されているのが **BRICS** です。これは**ブラジル・ロシア・インド・中国・南アフリカ共和国**のことで、どの国も近年急成長中であるばかりでなく、アジア NIES と対照的な特徴があります。それは**資源・人口・国土が大きい**ことです。**これらが大きいということは、生産活動の基礎体力が大きい**ということです。これらの新興国は国際社会においても発言力を増しています。

PART **5**

地球社会と私たち

コレだけはおさえておこう！

・先進国と発展途上国の間の経済格差の問題を　①　といい、発展途上国どうしの間の経済格差の問題を　②　という。

・特定の農産物や地下資源に依存する経済構造を　③　という。

・近年急成長中のブラジル・ロシア・インド・中国・南アフリカ共和国を　④　という。

答え　①南北問題　②南南問題　③モノカルチャー経済　④ BRICS

55 京都議定書って今どうなっているの？
——地球環境問題①

① 京都議定書で先進国に CO_2 削減数値目標が設定された

② ポスト京都議定書を経てパリ協定が結ばれた

1 京都議定書で先進国に CO_2 削減数値目標が設定された

今日の地球環境問題の中で最も注目されているのは**地球温暖化**です。

温暖化の原因とされている物質は**温室効果ガス**です。温室効果ガスは CO_2 やメタン、フロンなどですが、**濃度としては CO_2 が多くを占めています**。その CO_2 は、石油や石炭など化石燃料の消費で増えますから、**経済が発展すればするほど、地球温暖化は進む**ことになってしまいます。

それを阻止するための取り組みが、現在地球規模でなされています。1992年に開かれた**国連環境開発会議（地球サミット）**では**気候変動枠組条約**が採択され、ここから温暖化対策がスタートしました。そしてその5年後の1997年、ついに画期的な取り組みがはじまりました。**京都議定書**です。

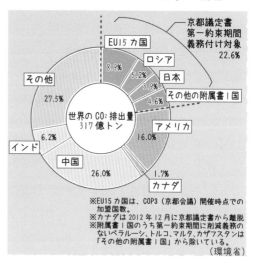

世界のエネルギー起源 CO_2 排出量（2012年）に占める京都議定書第一約束期間義務付け対象の割合

京都議定書第一約束期間義務付け対象 22.6%

世界の CO_2 排出量 317億トン

EU15カ国 8.9%
ロシア 5.2%
日本 3.9%
その他の附属書Ⅰ国 4.6%
アメリカ 16.0%
カナダ 1.7%
中国 26.0%
インド 6.2%
その他 27.5%

※EU15カ国は、COP3（京都会議）開催時点での加盟国数。
※カナダは2012年12月に京都議定書から離脱
※附属書Ⅰ国のうち第一約束期間に削減義務のないベラルーシ、トルコ、マルタ、カザフスタンは「その他の附属書Ⅰ国」から除いている。

（環境省）

京都議定書は**先進国だけに、具体的な CO_2 削減の数値目標を設定**する条約です。途上国の貧困の大きな原因は、先進国による過去の植民地支配です。ならば彼らが発展するまでは、先進国が負担を背負う必要があります。だから私たちだけで CO_2 削減に取り組み、**2008～2012年までの間で目標達成を目指す**ことになったのです。

しかしそうすると、大きな問題が出てきます。「**中国をどうするのか**」問題です。**中国は現在、 CO_2 排出量世界1位**です。以前生徒から「中国の CO_2 排出量が多いのは、やっぱり14億人で息をするからですか？」と聞かれましたが、違います。車です、車。しょ

ひとこと ポイント！

地球温暖化は「でっちあげ」!?

アメリカのトランプ前大統領は在任中に「温暖化はでっちあげだ！」と主張し、パリ協定離脱を発表しました。世間は「またこの人、変なこと言い出したぞ」という反応でし

たが、実はこのトランプ発言、あながち変なこととも言い切れないのです。

温暖化には、専門家による懐疑的な声が多いのも事実です。もしそうなら、実利を重視するトランプ前大統領が温暖化の対策費を渋ったのも、理解はできます。

せん人類の肺活量では車には勝てませんし、仮に14億のマンパワーで気温が上がるものなら、逆にどこまで上がるものか見届けたいです。

とにかくその1位の中国に削減義務がないのであれば、他国が頑張っても意味がないだろう、という問題になったわけです。ほかにも、4位のインドも途上国のため削減義務なし、先進国からは<u>アメリカの離脱（アメリカのCO_2排出量は世界2位）</u>などもあり、京都議定書は暗雲が立ち込めました。しかし、なんとか<u>2012年末には、先進国はすべり込みセーフで目標達成</u>したのです。

②ポスト京都議定書を経てパリ協定が結ばれた

京都議定書は2012年末に目標達成しましたが、ここで終わってはいけません。なぜならここで終わると、また2013年1月1日から再びCO_2がどんどん増え、意味がなくなるからです。各国はこの後の目標を話し合いますが何も決まらず、結局<u>2013～2020年は「従来の京都議定書の内容を引き継ぐ」</u>という<u>「現状維持」の決定</u>がなされました。しかも「先進国だけ大変な思いをするのは不公平だ！」として、<u>日本も含めた数カ国が、京都議定書の削減義務から離脱</u>してしまいました。

「このままでは温暖化対策も終わりか……」と思っていたところに出てきたのが、2015年の<u>パリ協定</u>です。これは2020年からの目標として、<u>CO_2削減にすべての国が取り組むかわりに、削減目標は自主的に決める</u>というものです。つまり「<u>ハードルを下げるからみんな入って</u>」ということですね。

<u>アメリカのトランプ前大統領だけが離脱表明</u>しましたが、2021年より<u>バイデン大統領</u>になり、<u>パリ協定に復帰</u>しました。現在はすべての国が参加で話が進んでいます。

PART 5

地球社会と私たち

✏️コレだけはおさえておこう！

・二酸化炭素などを含む、地球温暖化の原因となっている物質を 　①　 という。

・ 　②　 は、先進国だけに具体的なCO_2削減目標を設定した。

・ 　③　 では、2020年からのCO_2削減のあり方が規定された。

56 環境問題は温暖化だけじゃない？
——地球環境問題②

1 オゾン層の破壊、酸性雨などの問題も深刻

　地球温暖化ばかりに注目が集まりがちですが、ほかにも地球環境問題はあります。

　例えば**オゾン層の破壊**。これは、スプレーやエアコンで使われている**フロンガスによって、紫外線を吸収してくれるオゾン層が破壊され、皮膚ガンなどが増加する**ことが懸念されている問題です。

　それから**酸性雨**。これは工場から出る煙や排気ガスに含まれている硫黄酸化物や窒素酸化物が**大気中を長距離移動**することで雨を酸性雨に変え、降った地域の森を枯らしたり遺跡を破壊したりします。酸性雨のいちばんの問題は、**加害国に加害者意識がない**ことです。長距離移動で発生するということは、他国に迷惑をかけることはあっても、自国に被害がおよぶわけではないですからね。

　さらには**ダイオキシン**。これは**農薬やプラスチックの燃焼から発生する毒物**で、体内に取り込んだ人には、発ガンや奇形などの重い症状が出ることがあります。

[酸性雨で被害を受けた木]

[中国の大気汚染の様子]

　これら以外にも、**熱帯林の減少や砂漠化の進行**など、まだまだ地球上には解決しなければならない環境問題が山積しています。

ひとことポイント!

地方公共団体の環境への取り組みは？

　地球環境問題への対策は、各地域がそれぞれの特性を生かして進めることが求められます。政府は、持続可能な低炭素社会の実現に向け高い目標を掲(かか)げて先駆(せんく)的な取り組みにチャレンジする都市を環境モデル都市として選出し、支援(しえん)をしています。

　例えば、沖縄県宮古島(みやこじま)市では、地元資源である、さとうきびを最大限に活用して自給自足のエネルギー供給のシステム構築を目指しています。さとうきびから砂糖をつくるときの副産物を原料にして**バイオエタノール**を製造しバイオ燃料としてガソリンに混ぜて使用しています。北海道帯広(おびひろ)市では、動植物から生まれた再生可能エネルギーであるバイオマスの活用や、クリーンエネルギーの導入、間(かん)伐(ばつざい)材などから製材するときに出るペレットの活用などの取り組みを行っています。

②）国連環境開発会議でアジェンダ21が採択された

　このような環境問題に対し、地球規模で取り組みはじめたのは、1970年代になってからです。これは、世界中の国々で「戦後復興→経済発展」にひと区切りついたころです。このころ初めて私たちは、経済発展の代償(だいしょう)を地球に負わせていたことに気づき、あわてて対策をはじめたのです。

　最初の大きな取り組みは、1972年にストックホルムで開かれた**国連人間環境会議**です。「**かけがえのない地球**」をスローガンに開かれたこの会議の後、初の環境対策の中心機関である**国連環境計画（UNEP）**が設立されました。

　そして、その後の環境対策に大きな影響(えいきょう)を与(あた)えたのが、1992年ブラジルのリオデジャネイロで開かれた**国連環境開発会議（地球サミット）**です。ここで示されたスローガンは「**持続可能な開発**」、そう、本書に何回も出てくる「**持続可能な社会**」づくりの元になった**考え方**です。同会議では、その実現を目指すための理念を示した**リオ宣言**と、そのための具体的な行動計画**アジェンダ21**などが採択(さいたく)されました。

PART 5

地球社会と私たち

✎コレだけはおさえておこう！

・オゾン層の破壊は ［ ① ］ が原因物質とされる。

・国連人間環境会議では、環境対策の中心機関として ［ ② ］ が設立された。

・国連環境開発会議のスローガンは ［ ③ ］ である。

答え ①フロンガス　②国連環境計画（UNEP）　③持続可能な開発

57 原子力発電はCO₂削減には有効だけど……？
——資源・エネルギー問題

ここが大切！

❶ 石炭→石油に転換したエネルギー革命
❷ 自然界から採れる再生可能エネルギーに期待

① 石炭→石油に転換したエネルギー革命

　明治以降、日本のエネルギーの主役は「石炭」でした。石炭は船舶・鉄道・製鉄などに利用され、日本の工業発展に大きく貢献しました。さらに昭和に入ってからは軍需産業にも広がり、石炭はエネルギー産業の花形として君臨していたのです。

　しかし1950年代、状況が一変します。**中東やアフリカで大規模な油田が相次いで発見された**のです。石油は液体で輸送しやすく、公害被害も少なく、燃料効率もよく、しかも当時は（驚くべきことに）石炭より安かったのです。このころの石油利権は先進国の多国籍企業が握っており、彼らが先進国の利益を考えて価格決定していたためです。これで産業界での燃料転換も急速に進み、ついに**1962年、石油が石炭を抜いてエネルギー供給首位の座を勝ち取りました。この一連の流れを「エネルギー革命」**といいます。

　ところが1960年には、産油国が結束し **OPEC（石油輸出国機構）**を結成していました。彼らは団結して石油会社を国有化し、石油利権と価格決定権を多国籍企業から奪い返しました。そして1973年、石油価格を一気に引き上げました（**石油危機〈オイルショック〉**）。これを機に、日本では「未来のエネルギー」として注目されていた**原子力発電の商業化が本格化**していきます。その後、原子力発電はシェアを拡大し、2010年ごろには日本の発電比率はおよそ**火力65パーセント、原子力25パーセント、水力10パーセント**に達していました。

　ところが2011年、**東日本大震災**が発生します。この地震で**福島第一原子力発電所**が深刻な事故を起こしたため、政府は原子力発電所の安全基準を見直し、**とても厳しい再稼働基準を設定**しました。そのため、**原子炉の定期点検後、再稼働をしたくても新基準をクリアできない原子力発電所が相次ぎ、2021年1月現在、わずか数基の原子力発電所しか再稼働していない**のが現状です。

震災後の「計画停電」

2011年の東日本大震災後、福島第一原子力発電所からの電力供給が途絶えた関東地方では、電力不足を乗り切るため計画停電をはじめました。

著者の住む鎌倉市は「1日2回2時間ず

つ」の停電で、停電になる前に食事をつくりロウソクと懐中電灯を準備し、いざはじまったら毛布にくるまって、ひたすら音楽を聴いていました。わかっているとはいえ、予定の時間にフッと電気が消え、家の中がどんどん冷えていくのは、なんとも切なかったです。電力がいかに大事かがよくわかりました。

②自然界から採れる再生可能エネルギーに期待

火力発電は石油価格に振り回されるうえ、CO_2を排出します。原子力発電はCO_2を出さない発電方式という意味ではクリーンエネルギーですが、事故の被害が甚大です。というわけで、今日もっとも注目されているエネルギーは**再生可能エネルギー**です。

再生可能エネルギーは、**風力・地熱・太陽光など、自然界から無尽蔵に採れるエネルギー**で、これなら価格高騰も温暖化も事故も心配いりません。国会は2011年に**再生可能エネルギー特別措置法**を制定し、**家庭で発電した再生可能エネルギーを電力会社が買い取ることを義務づけ**ました。再生可能エネルギーは安定供給が難しいのが難点ですが、枯渇の心配のない夢のエネルギーなので、本格的な実用化に期待がかかります。

[5大再生可能エネルギー]

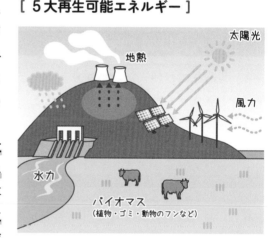

そのほかの期待のエネルギーとしては、2012年にアメリカが商業化に成功した**シェールガス**（頁岩という化石の間にある天然ガス）や、日本近海に大量にあるとされる"燃える氷"こと**メタンハイドレート**（メタンを主成分とする氷状の化石燃料）、生物エネルギー全般を指す**バイオマス**（木くずを燃やしたり家畜のふん尿などを発酵させてメタンガスを発生させたりして発電する）などがあります。

PART
5
地球社会と私たち

✏ コレだけはおさえておこう！

・主要エネルギーが石炭から石油に転換したことを ［ ① ］ という。

・自然界から無尽蔵に採れるエネルギーを ［ ② ］ という。

・頁岩からとれる天然ガスを ［ ③ ］ という。

58 水、医者、学校……日本の あたり前が何もない国がある！
——貧困問題

> **ここが大切！**
> ❶ 世界人口は増え続けている
> ❷ 貧困解消を目指すフェアトレード、マイクロクレジット

1) 世界人口は増え続けている

　今、世界人口が何人だかわかりますか？ 2020年現在で、なんと約78億人です。なんだかピンときませんね。なぜなら**日本にとっては人口問題といえば「少子高齢化」問題**ですから。日本は子どもの数も年々減っているうえ、2000年代後半から**人口減少社会**（「出生数＜死亡数」の社会）にも突入しています。だから世界人口が増えていると言われても、あまり実感がわきません。

　しかし**世界全体でみた場合、世界にとっての人口問題は間違いなく「人口爆発」**です。世界人口は増加の一途をたどり、今日は年8300万人ずつ増えています。これは1日あたりに換算すると毎日22.7万人の増加です。

　世界人口の「約8割は発展途上国の人口」です。なぜ途上国では人口が多いのでしょう？ それは、昔と比べて医学の進歩で死亡率が下がったり、先進国に近い水準まで平均寿命が延びたり、いまだに「子ども＝労働力」と見なされたり、カトリックの国では人工中絶が禁止されていたりすることが原因と考えられます。

　しかし途上国では、人口増加のペースに経済の発展が追いつかず、多くの人が**貧困**に陥っています。具体的には、世界では7億人以上もの人々が1日1.9ドル（約200円）未満で暮らす貧困の状態にあります。最低限の体重を維持できず、最低限のカロリーを摂取できていない状態を**飢餓**、その人口を**飢餓人口**といいますが、2019年時点で、**世界の飢餓人口は6億9000万人**にのぼります。つまり、日本のコンビニで1日100万食もの弁当が廃棄され、豚のエサにパンをやり、フードファイターがホットドッグを水につけて食い散らかしているその瞬間にも、**地球人口の8.9パーセントは飢餓に苦しんでいる**のです。

2) 貧困解消を目指すフェアトレード、マイクロクレジット

　途上国の貧困解消のため、国連は2000年に開催された**国連ミレニアムサミット**に基づ

ひとことポイント！

日本は食品廃棄物が多すぎ！

日本の食品廃棄物は、世界一多いといわれています。食糧消費全体の約3割を食品廃棄物にしてしまい、しかも消費期限切れや食べ残しなど「まだ食べられる」食品廃棄物の年間量だけで、国連世界食糧計画（WFP）が1年間に途上国に援助する食糧の2倍近くになります。私たちのごみが国連の援助食糧の2倍……よくないですね。

［ 日本の食品ロスと世界の食糧支援量 ］

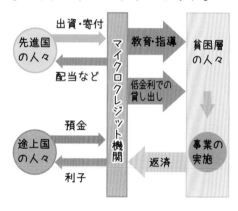

日本の食品ロス　　　世界の食糧支援量

年間 **612万トン**（2017年度）　＞　年間 **380万トン**（2017年）

（環境省、国連WFP）

き、2001年に「**MDGs ミレニアム開発目標**」を発表し、環境・感染症・初等教育・女性の地位向上などの、主に途上国の問題解決のための目標とともに、**2015年までに世界の貧困人口と飢餓人口半減のための目標**を定めました。

さらにその目標は、2015年には **SDGs（持続可能な開発目標）** に改められました。こちらはMDGsの内容を引き継ぐとともに、温暖化対策や技術革新、クリーンエネルギーの実現など、**先進国の課題の解決もめざす**内容になっています。

［ マイクロクレジットのしくみ ］

出資・寄付
配当など
先進国の人々
教育・指導
マイクロクレジット機関
貧困層の人々
低金利での貸し出し
事業の実施
預金
途上国の人々
返済
利子

また、今日、途上国の貧困解消の有力な手段と考えられているのが**フェアトレード**です。フェアトレードとは**公正な貿易**のこと。**途上国から原材料や農産物などを買うときに、不当に安く買うようなことはせず、適正価格で取り引きする**ことで正しい報酬を渡し、それにより途上国の生産者の生活改善や自立を促す考え方です。

また、**グラミン銀行**という機関も登場しました。これはバングラデシュの経済学者ユヌスが考えた**貧困者用の銀行**で、貧困層でも無理なく返済できるよう**マイクロクレジット**（少額・無担保での貸付）という融資方法を採用しています。ユヌスはこれで、2006年ノーベル平和賞を受賞しています。

PART **5**

地球社会と私たち

✎ コレだけはおさえておこう！

・途上国の商品を適正価格で取引することを ［ ① ］ という。

・貧しい人々が新しい事業をはじめることができるように、少しのお金を貸し出すことを ［ ② ］ という。

59 昔より紛争やテロが増えているって本当？
——新しい戦争

ここが大切！

❶ 冷戦後、地域紛争が表面化した

❷ テロリズムの脅威も拡大中

① 冷戦後、地域紛争が表面化した

戦後しばらくの間、世界の軍事的緊張といえば**冷戦**、すなわち**アメリカを中心とする西側諸国（資本主義陣営）とソ連を中心とする東側諸国（社会主義陣営）**のにらみ合いを意味していましたが、1989年の冷戦終結宣言と1991年のソ連解体により、その対立に終止符が打たれました。

ところがその後、**国内や周辺国を巻き込んだ紛争（内戦）、つまり地域紛争はかえって増えています**。これはどういうことでしょう？ 実は冷戦期は、もともと揉め事が絶えなかった小さな国々を地域の大ボスであったソ連がまとめ上げて、巨大な敵であるアメリカと対立していたのです。しかし、冷戦後にソ連が解体したことで、冷戦前の小さな国々間でのいざこざが復活したわけです。それ以外にも、経済のグローバル化による貧富の差、民族的・宗教的な対立、独立をめぐる争いなど、紛争の火種はなかなか減ってくれません。

紛争が多発すると、**難民問題**も発生します。**難民**とは、政治的な迫害や紛争などを理由

[紛争や反政府運動などが起きている地域]

アメリカとアラブはなぜ仲が悪い？

アラブ諸国はイスラエルが嫌いです。なぜならイスラエルは「かつての祖国を取り戻す！」と言って、紛争の末パレスチナ（現イスラエル）を、アラブ人から奪ったからです。

そこで両者は中東戦争を起こしますが、この戦争はイスラエルが強いのです。理由はイスラエル（ユダヤ人国家）の背後に、アメリカ（政財界に影響力のあるユダヤ人が多い国）がついているからです。だからアラブはイスラエルを憎み、アメリカを憎むのです。

に住んでいた地域を離れざるを得ず、周辺国などへ逃れた人々のことです。難民問題の解決には「**難民の地位に関する条約（難民条約）**」の批准国（日本も1981年に批准）による受け入れと、国連の組織である**国連難民高等弁務官事務所（UNHCR）**があたっていますが、**難民は受け入れ国にとっても大きな負担となる**ため、決め手となる解決策はありません。

2 テロリズムの脅威も拡大中

民族紛争とは別に、近年は「**テロリズム（テロ）の脅威**」も拡大しています。テロとは、**特定の政治目的を達成するために、直接的な暴力や、その暴力を背景に市民に恐怖を植えつけていくこと**です。

テロの厄介な点は、国家間の戦争と違って、いつ・誰が・どこで起こすのかが読みにくい点です。小規模でゲリラ的に奇襲をかけられるうえ、効果は絶大です。実際アメリカは、**2001年の「同時多発テロ」で、約3000人の命を奪われています**。さらにはイスラム系テロ組織が多用する**自爆テロ**（志願者は「"殉教者"になり天国へ行ける」と考えられている）は、いかに警戒していても防ぐことは非常に困難で、イスラム系の国々やイスラエルでは、毎年多くの要人や市民が犠牲になっています。

加えて**シリア難民**の問題もあります。**近年シリアからは、EU諸国への難民が急増しています**。理由は、大統領による人民弾圧と**イスラム国**の脅威（イラクとシリアの国境沿いに拠点あり）から逃れるためです。ところが厄介なことに「難民のフリをしたイスラム国の工作員」が紛れ込み、欧州各地でテロを起こしているのです。

テロのせいで難民受け入れがさらに難航する。非常に困った事態です。

PART 5

地球社会と私たち

コレだけはおさえておこう！

・宗教や民族などが原因で、国内やその周辺で起こる紛争を　①　という。

・政治や①などによって、自国で迫害を受ける、または迫害を受けるおそれがあるために他国に逃れた人を　②　という。

60 軍縮条約にもいろいろある
──世界平和のために

❶ 核軍縮を目指す条約がある
❷ 地雷やクラスター爆弾禁止の条約も発効

❶ 核軍縮を目指す条約がある

　現実的な核軍縮の議論をすると、今日はどうしても核抑止論が優勢になりがちです。**核武装した危険な国は、"お前が撃てば俺もすぐ撃ち返す"という脅し以外では止まらない**という考え方です。

　国際社会を性善説で捉えるのが危険である以上、残念ながらこの考え方には説

[各国の核弾頭保有数]

イギリス 200発
ロシア 6500発
アメリカ 6185発
フランス 300発
北朝鮮 20〜30発
中国 290発
パキスタン 150〜160発
インド 130〜140発
イスラエル 80〜90発
※2019年の推定数
（2020年1月ストックホルム国際平和研究所資料）

得力があります。だから日本も、**唯一の被爆国でありながら、現状はアメリカの「核の傘」で守られており**、そのため2021年に発効した「**核兵器禁止条約**」にも参加していないのが現状です。ちなみにこの条約には、**核保有国は1つも参加していません**し、おそらく今後も参加しないことでしょう。なぜなら、現実に危険な国が存在する以上、「話せばわかる」だけでは、責任ある政治にはなり得ませんから。「話してわからなかったらどうするの？」まで考え、それに備えるのが責任ある政治の姿です。

　とはいえ、理想論でいいならば、誰だって核兵器のない世界に住みたいです。だから**現状は「核抑止論」に頼りつつも、核廃絶に向けての努力も、人類は怠らなかった**のです。

　1963年には**部分的核実験禁止条約**が締結されました。これは**大気圏内・宇宙空間・水中での核実験を禁止**する条約で、**地下実験のみ認められています**。1968年には**核拡散防止条約**が締結され、**現状の核保有国（米英仏中ソ）以外の核保有が禁止**されました。さらに1996年には**包括的核実験禁止条約**が締結され、これにより**あらゆる核"爆発"実験**が

パワー・ポリティックスとは？

パワー・ポリティックスは、直訳すると「力の政治」、国際社会にあてはめて意訳すると「国際政治は"力の論理"」といったところでしょうか。つまり国家というものは力の論理で動いており、他国との協調などよりも国益優先、そのためには暴力・威嚇（いかく）・恫喝（どうかつ）・保護

主義なんでもありなんですよという考え方です。

ここまでひどい国は稀（まれ）ですが、「他国との協調よりも国益優先」は、どの国にとっても当然の基本態度です。国家の仕事の優先順位は「他国民にいい顔すること ＜ 自国民を笑顔にすること」ですから。あたり前ですが、まず主権者を守るのが国家の仕事です。

禁止されることになりました。ただし、爆発を伴（ともな）わないシミュレーション実験（**未臨界核実験**）は認められています。また、この条約は核保有国の一部が不参加のため発効条件が満たせず、**現状は未発効のまま**です。

これら以外にも「米ソ（米ロ）二国間」の条約には、1987年の **INF（中距離核戦力（ちゅうきょり）** **全廃条約**（2019年、米が離脱し失効）、1991年以降段階的に調印された **START（戦略兵器削減条約（さくげん）** などがあります。

②地雷やクラスター爆弾禁止の条約も発効

そのほかにも、1997年に署名された**対人地雷全面禁止条約（じらい）**と2010年に発効された**クラスター爆弾禁止条約（ばくだん）**などがあります。これらは**どちらも NGO（非政府組織）が各国政府や国際機関に働きかけてつくられた条約**です。特に前者は NGO「**地雷禁止国際キャンペーン**」の働きが大きく、同 NGO は1997年にノーベル平和賞を受賞しています。

また、紛争予防（ふんそう）のためには、先進国から途上国（とじょう）への経済援助（えんじょ）（貧困（ひんこん）が紛争の原因という考え方）、ODA の有効活用（軍国主義の国にはあげない等）、NGO との協力（政府よりフットワークが軽いため）といった動きが求められます。

また、従来は、国家が自国と国民を守る「国家の安全保障」という考え方が中心的でしたが、グローバル化が進んだ現代では、国だけでなく世界の一人ひとりの生命や人権を大切にする「**人間の安全保障**」の考え方が広がっています。

✏️ コレだけはおさえておこう！

・核兵器を持つことが核を止める力となるという考えを ［　①　］という。

・［　②　］は、1968年当時の保有国以外の核保有を禁止している。

・最近では、国だけではなく、一人ひとりの生命や人権を大切にする ［　③　］という考え方が広がっている。

答え　①核抑止論　②核拡散防止条約　③人間の安全保障

135

61 富士山は「自然遺産」じゃないの？
──文化の多様性の尊重

ここが大切！

❶ グローバル化で文化の多様性が失われつつある
❷ 世界遺産条約で自然や文化を守ろう

1) グローバル化で文化の多様性が失われつつある

　世界には、それぞれの地域の地理的・気候的・歴史的・宗教的・政治的背景などに応じて、さまざまな文化があります。これを**文化の多様性**といいます。

　ところがその多様性が、近年失われつつあります。さまざまな原因がありますが、いちばんの原因と考えられるものは、**グローバル化の進展**です。つまり、**グローバル化で異文化との交流が進んだことで、逆に文化が画一的になってきている**のです。

　異文化交流は有意義ですが、そのせいで長年築き上げてきた文化がなくなっていくのは問題です。例えば著者は香港（ホンコン）が大好きでよく行くのですが、香港の人も日本の文化が好きで、街には日本のアニメキャラやアイドル、謎（なぞ）の日本語の看板（「足裏マッサーヅセンター」のようにカタカナのシとツ、ソとンが間違えられているもの）などがけっこうあります。日本の有名牛丼（ぎゅうどん）チェーン店もいっぱいあり、どこも行列ができています。でも、彼（かれ）らの日本好きが高じて香港が完璧（かんぺき）な日本語と日本食レストランばかりになったら、香港に行く楽しみがなくなってしまいます。英語も通じないローカルな飯屋に入って、まったく読めないメニューから適当に指さし注文し、「何が出てきても食べ切ろう……」と悲壮（ひそう）な覚悟（かくご）で待つのが楽しいのに。その楽しみが奪（うば）われるなら、この異文化交流は正しくないです。

　では、どうすべきでしょう？ 答えは、**お互（たが）い自国文化に誇（ほこ）りを持ちつつ、異文化に対しても寛容（かんよう）になる**ことです。そのためには自民族中心主義を捨てましょう。そして**多文化主義**（複数文化と共存していこう）を前提に、**文化相対主義**（絶対的な文化などない）の立場に立ち、そのうえで、**異文化の持つ普遍（ふへん）性（同じ人類が生んだ文化）と個別性（異なる民族が生んだ文化）を尊重**するのです。これができれば、異文化交流をしながらの共生も可能となるでしょう。

ひとことポイント！ 世界三大宗教

世界三大宗教といえばキリスト教・イスラム教・仏教の3つで、それぞれ約20億人・約16億人・約4億人の信者を抱えています。多くの国では互いの信仰を尊重し合って共存しているわけですが、相互理解の不足などによって、宗教間で対立が起こることがありま

す。

例えば、中東のエルサレムはキリスト教、イスラム教、ユダヤ教の3つの宗教の聖地で、それぞれを信仰している人々が暮らしていますが、対立も続いています。教義の面ではすべて平和を唱える宗教のはずなのに、迫害や戦争が生まれてしまうことがあるのです。

2）世界遺産条約で自然や文化を守ろう

文化の多様性を守るという意味では、美しい自然や歴史的な建造物を保護することも大切です。その取り組みとして1972年に UNESCO（国連教育科学文化機関）総会で採択された条約が世界遺産条約です。同条約に基づき、保護されるべきものが自然遺産・文化遺産・複合遺産の3種類に分類され、登録・保護されることになりました。

2021年1月現在、日本国内には法隆寺・屋久島・原爆ドーム・富士山など、23の世界遺産があります。ちなみに富士山は自然遺産として出願しましたが、ごみ処理の問題で登録がかなわず、文化遺産として登録されました。

[日本の世界遺産]

2021年1月

- 自然遺産
- 文化遺産

知床
白神山地
ル・コルビュジエの建築作品―近代建築運動への顕著な貢献―（国立西洋美術館）
富岡製糸場と絹産業遺産群
白川郷・五箇山の合掌造り集落
古都京都の文化財
姫路城
石見銀山遺跡とその文化的景観
平泉―仏国土（浄土）を表す建築・庭園及び考古学的遺跡群―
日光の社寺
富士山―信仰の対象と芸術の源泉
古都奈良の文化財
法隆寺地域の仏教建造物
百舌鳥・古市古墳群―古代日本の墳墓群―
紀伊山地の霊場と参詣道
原爆ドーム
厳島神社
「神宿る島」宗像・沖ノ島と関連遺産群
明治日本の産業革命遺産 製鉄・製鋼、造船、石炭産業
屋久島
長崎と天草地方の潜伏キリシタン関連遺産
琉球王国のグスク及び関連遺産群
小笠原諸島

✏️ コレだけはおさえておこう！

・世界にさまざまな文化があることを ［ ① ］ という。

・この世に絶対的な文化などないという考えを ［ ② ］ という。

・教育や科学、文化などを通じて世界の平和や安全を促進する国連の専門機関の1つで、世界遺産の決定や保護を行う機関を ［ ③ ］ という。

答え ①文化の多様性 　②文化相対主義 　③UNESCO（国連教育科学文化機関）

意味つき索引

※太字のページには、用語の解説が詳しく載っています

【写真提供】
P10：©Sipa Press/amanaimages、P14：©Sipa USA/amana images、P15：©Sipa Press/amanaimages、PIXTA、陸上自衛隊HP、首相官邸 HP

著者紹介

蔭山 克秀 （かげやま・かつひで）

◉──代々木ゼミナール公民科講師。愛媛県新居浜市出身。

◉──早稲田大学政治経済学部経済学科卒業。学生時代は、麻雀とパチスロに熱中しすぎて3年留年。その結果、就職活動がバブル崩壊元年にずれ込んで惨敗するというありさまだった。その後、塾講師を経て代々木ゼミナール講師となる。

◉──代々木ゼミナールでは、「現代社会」「政治・経済」「倫理」「倫理政治経済」をすべて指導。また、4科目すべての授業が「代ゼミサテライン」（衛星放送授業）として全国に配信されている。日常生活まで落とし込んだ説明の面白さに定評があり、世の中の制度や出来事を筋道立てて理解できる授業は他にはなく、公民科No.1講師として名高い。

◉──生徒からは「具体例や背景まで教えてもらえるので記憶に残る」「先生の板書でつくるノートは後から見返してもわかりやすい」「初めてこの科目が好きになった」と、高い評価を受ける。

◉──著書は『蔭山の共通テスト現代社会』『蔭山の共通テスト政治・経済』『蔭山の共通テスト倫理』（いずれも学研プラス）、『改訂第3版 大学入試 蔭山克秀の政治・経済が面白いほどわかる本』『経済学の名著50冊が1冊でざっと学べる』（いずれもKADOKAWA）、『やりなおす戦後史』（ダイヤモンド社）、『世界の政治と経済は宗教と思想でぜんぶ解ける！』（青春出版社）、『マンガみたいにすらすら読める経済史入門』『同 哲学入門』（いずれも大和書房）など20冊以上。

改訂版 中学校の公民が1冊でしっかりわかる本

2018年 7月17日	初版 第1刷発行
2021年 5月17日	改訂版第1刷発行
2023年 3月 1日	改訂版第3刷発行

著 者──蔭山 克秀
発行者──齊藤 龍男
発行所──株式会社かんき出版

東京都千代田区麹町4-1-4 西脇ビル　〒102-0083
電話　営業部：03(3262)8011代　編集部：03(3262)8012代
FAX　03(3234)4421　　　　　振替　00100-2-62304
https://kanki-pub.co.jp/

印刷所──図書印刷株式会社

・カバーデザイン
Isshiki

・本文デザイン
二ノ宮 匡（ニクスインク）

・DTP
畑山 栄美子（エムアンドケイ）
茂呂田 剛（エムアンドケイ）

・図版・イラスト
佐藤 百合子